スポーツクラブ・
スイミングスクール・
カルチャーセンター

「お客様をやめさせない」

スクール&教室運営の仕組み

スポーツクラブ・フィットネスクラブ
専門コンサルタント
水藤 英司

はじめに

現在、スクールビジネス（教養・技能教授業）では、集客に苦しんでいる事業所が多く見られます。私が講師としてスクールビジネスに関わり始めた頃には、スポーツクラブ、フィットネスクラブ、スイミングスクールが主な施設でした。

それから10年以上たちますが、その間、スポーツ関連のスクールだけでも、女性専用のフィットネスやヨガスタジオ、ランニングスクール、ボルダリング、加圧トレーニングジム、ダンススクール、気功など、様々なスクールが増えたことも、集客が困難になっている要因であると言えるでしょう。

たしかに集客に苦戦する社会的要因はあります。しかし、その中でも着実に業績を伸ばしているスクールがあります。少子化にもかかわらず、子供のみのスイミングスクールで成功している事業所もあるのです。

では、着実に集客しているスクールと、集客に苦労しているスクールの違いはいったい何なのでしょうか?

成功しているスクールにはいくつものポイントがあるのですが、その中でも一番大きなポイントは、**「会員をやめさせない」**ことです。これは直接、数字に反映するからです。本書をお読みの方がスクール経営者であれば、すぐ理解していただけることでしょう。

これからお伝えしていきますが、スクールビジネスは、会員数が減少しなければ、つまり会員がやめさえしなければ、比較的売上予測も立てやすく、コストの管理もしやすいビジネスなのです。

ここで少し、私のことを紹介させていただきます。

私は現在、スポーツクラブやスイミングスクール、カルチャースクールの売上アップをお手伝いするコンサルタントとして活動しています。

今まで集客のアドバイスを行なってきて、施設会員数を2倍にするなど、多くの施設で集客改善に成功したことがあります。しかし、すべてのクライアントに対して成功したわけではありません。残念ながら思うように集客できず、スクールや施設が閉鎖することになってしまったことも経験しています。

その経験の中で感じることは、マーケティング活動がうまくいかなかったケースも当然ありますが、やはり**会員の継続率が高いスクールは高収益であった**ということです。

これまで、講師、スクール経営を経験してきて思うことですが、スクールビジネスは「他者実現」をサポートする、大変やりがいのあるビジネスです。

そこで、自分がかつてスクール運営において、**会員をやめさせないために実践してきたこと**をお伝えすることで、スクールビジネスに一生懸命に取り組んでいる経営者の皆様の、スクール経営のお役に立てればと思い、この本を書くことにしました。

「スクール講師」「スクール経営者」「スポーツコンサルタント」という3つの異なる立場を経験してきて感じることは、講師と経営者では、見方、視点がまったく異なるということです。

講師目線で言えば、いい内容の講座をやれば会員の方が喜んでくれる、講座に申し込んでくれると思っています。そして講師なりに講座をどう進めていくか、進行のイメージを持っています。そのイメージは、「こんな感じで講座を進めていきたい」「1クラスの人数はこれくらいだな」「プログラム内容から考えると期間はこれくらいだな」というような感じです。ですが、そこには経営者の視点はありません。

しかし経営者の立場からすると、売上げが一番重要なので、会員が長く続きそうなコンテンツ（講座）をできるだけ増やしたいと考えます。そしてビジネスとしての効果性、効率性を重視しているので、経営側の立場に立って考え、動いてくれる講師の存在は大変重宝します。そうした講師をいろいろな面で優遇することもあるでしょう。

講師と経営者の視点には、必ずギャップがあります。私は、講師と経営者の双方を経験したことで、どちらの気持ちも立場もよくわかります。だから、どちらにも寄り添うことができるのです。さらに双方の考えが客観的に理解できることで、コンサルタントという視点が見えてきました。本書を書いていてあらためて気づいたことですが、コンサルタントは、講師と経営者双方の距離を近づける役割を担っていることを実感しました。

講師に経営者目線をわかってもらう、経営者には講師の気持ちをわかってもらうことは、両方を経験した私だからできることだと思っています。

①スクール講師の視点
②スクール経営者の視点
③スクールコンサルタントの視点

この3つを経験してきた私だからわかる、「会員をやめさせないスクール運営法」をこれからお伝えしていきたいと思います。

2017年1月

水藤　英司

「お客様をやめさせない」スクール&教室運営の仕組み＊もくじ

序章

スクールビジネスを取り巻く環境と現状

1章

なぜ集めた会員はやめてしまうのか

2章

会員が通い続けてくれる大切な5つの要素

3章 会員をやめさせないための仕掛け

4章 会員の「やる気」を上昇させる方法

5章 会員をやめさせないためのスタッフ教育

6章 やめた会員を呼び戻そう

装丁・DTP 春日井 恵実

序章

スクールビジネスを取り巻く環境と現状

「スクールビジネス」とは何か

ひとくちに「スクールビジネス」と言っても、その実態は幅広いものです。少子高齢化の昨今、子供の数が大幅に減り、大学全入時代とも言われています。その大学でさえ、定員割れしたり、閉校になったりするところが出てきています。

そんな厳しい時代にスクールビジネスを営んでいくことに、はたして勝算はあるのでしょうか。ここではまず、そもそもスクールビジネスとは何なのか、そして本書で扱うスクールビジネスの範囲を明確にしておきたいと思います。

スクールビジネスは教育産業です。

総務省が設けている日本標準産業分類では、「教育、学習支援業」という区分に属します。この区分には、幼稚園、小学校から高校、大学、学習塾、そろばん教室まで様々な業態が含まれています。

本書で解説するスクールビジネスとは、幼稚園、小学校、高校、大学といった「学校」ではなく、習い事などを行なう「教室」のことを指します。産業分類の中分類では「その他の教育、学習支援業」になり、小分類では「教養・技能教授業」に区分されます。

0-1 本書で扱う「スクールビジネス」の範囲

中分類	小分類	事業所区分	種類
その他の教育、学習支援業	教養・技能教授業	音楽教授業	ピアノ教室、声楽教室、カラオケ教室など
		書道教授業	書道教室
		生花・茶道教授業	華道教室、茶道教室
		そろばん教授業	そろばん塾、珠算塾
		外国語会話教授業	英会話教室、外国語会話教室
		スポーツ・健康教授業	スイミングスクール、ヨガ教室、テニス教室、フィットネスクラブ、空手教室など
		その他の教養・技能教授業	囲碁教室、料理教室、パソコン教室、家庭教師など

（日本標準産業分類より）

本書では、教養・技能教授業である**〝習い事〟を教えるのがスクールビジネスである**とします。具体的には、カルチャースクールやスポーツクラブなどです。

中高受験を目的とする学習塾も、広い意味でスクールビジネスの範囲に含まれますが、現状では大手による寡占、フランチャイズ化が進んでおり、中小や個人で新規参入するにはあまりにハードルが高い分野だと言えます。

さらに細かい事業所区分では、「音楽教授業」「書道教授業」「生花・茶道教授業」「そろばん教授業」「外国語会話教授業」「スポーツ・健康教授業」、その他として「囲碁・将棋教室」「編み物教室」「着付け教室」「工芸教室」などがあります。

習い事教室の特徴は講師に資格が必要ないこと

〝習い事〟の事業所区分に共通して、教室で教える講師には「資格が必要ない」ということが特徴として挙げられます。学校の先生として教えるのであれば教員免許が必要ですが、こういった習い事の教室で講義するのに、免許はいりません。

もちろん、そろばん教室の先生であれば珠算何段、書道教室の先生であれば書道何段といった、それぞれの分野での実績であったり、大会での入賞経験がある人が多いのですが、スクール講師にそうした経歴は、必ずしも必要というわけではありません。

くわしくは5章で述べますが、いくら実績があっても、面白味のない講師では人気が出ません。安定したスクール経営のためには、どんな講師をそろえるかは大変重要なポイントです。

なぜ会員はやめてしまうのか

〝習い事〟の目的は、教養・技能を身につけることであって、必ずしも生活に必要ではありません。例えば、子供に習い事をさせる場合は、親として「子供にこういうことをやらせたい」という思いや、子供の個性を伸ばすためにいろいろなことを体験させ、何に興味を持つのかを知るために教室に通わせることがあります。

子供の可能性を見つけ出すために、1年くらい教室通いを継続させる場合もありますが、いくら通っても上達しなかったり、楽しそうでなければやめさせる、これが通常なのです。

大人であれば自分自身のことなので、上達しない、楽しくないと感じたら、それこそすぐにやめてしまいます。大人のほうがさらにやめやすい環境にあるのです。

いかに楽しく参加させ、いかに上達させるか、これが習い事を続けてもらうポイントです。

いかに上達させるかは、スクール全体として上達させる仕組みづくりが必要になりますが、それに加え、講師の質の問題があります。

熱意があり、人を惹きつけるコミュニケーション能力の高い、魅力のある講師がいれば、会員から親しまれ、人気講座として生徒は通い続けてくれます。免許がなくても、コミュニケーション能力の高い講師が在籍するスクールは、経営が安定している傾向にあります。

スクールは、**「会員にとって楽しく教養・技能を身につける場である」**ということを、まず認識しましょう。

スクールビジネスを取り巻く現状

スクールビジネスは、全体として見れば、たしかに決して景気のいい業界ではありません。集客に苦しんでいるスクールが多いのが現実です。

スクールビジネスの特徴のひとつとして、「売上げが増えるのも減るのも、ゆっくり」ということがあります。スクールビジネスは会員制ビジネスでもあるので、売上げの大きな変動が少なく、いきなり前月の半分になったり、前月の何倍にもなる、ということはほとんどありません。売上げの増減は徐々に現われてくることがほとんどです。

スクールビジネスは非常に細分化されています。前述したとおり、総務省の分類で定義づけられていますが、実際はスクールともカウントできないような、小規模でスクールかどうか判別できないグレーな施設がたくさんあります。例えば、マンションの一室でヨガ教室を行なっているといった形態です。

こうした実態は数字には反映されていないのが現状で、正確な全体の数字を把握しても意味がないので、ここではフィットネスクラブに限定した市場規模の変遷から、スクールビジネスの動向を分析してみたいと思います。

左ページの表0-2は、2011年から2015年までのフィットネス産業の推移です。2015年の売上高は4381億円で、2011年が4095億円ですから微増しています。2011年は東日本大震災の影響で売上高は前年よりマイナスになりましたが、全体としてはゆるやかに上昇しており、安定している産業であると言えます。

全体の会員数も5年間で約30万人増加しています。平均利用回数も徐々に増えていて、毎月6回くらい施設を利用している計算になりますが、会員1人当たりの年間消費額は約10万円でほぼ横ばいです。

0-2 フィットネス産業の現状

	2011年	2012年	2013年	2014年	2015年
売上高（億円）	4,095	4,124	4,240	4,316	4,381
施設数（軒）	3,745	3,945	4,163	4,375	4,661
新規施設（軒）	192	212	227	223	300
会員数（人）	3,927,229	4,025,410	4,155,791	4,193,706	4,214,675
年間平均利用回数（回）	70.6	76.1	76.7	73.8	73.2
会員1人当たり年間消費額（円）	104,272	102,449	102,026	102,916	104,466

（『日本のクラブ業界のトレンド2015年版』より）

この表で目を引くのが施設数で、こちらは売上高に比べると高い伸び率を示していて、最近は毎年、新規開業が200軒以上あります。

ここまで見ると、フィットネスクラブというのは、**「非常に安定しているが、成長産業とは言えない」**ということがわかります。新規開業する施設は増えていますが、会員数はそれほど増加していないため、1施設当たりの売上げは下がっているのです。

ここで挙げたのはフィットネスクラブの例で、スクールビジネス全体の数字ではありませんが、スクールビジネスという業態の特徴を端的に表わしていると言えるでしょう。

基本的には会員数の増減はゆるやかで、売上げが急激に落ちることも上がることもなく、一度軌道に乗ると、非常に安定しているのが特徴です。

これからのスクール経営には何が必要か

スクールビジネスは**地域密着型のビジネス**なので、新規会員を増やすには限界があります。

フィットネスクラブの例で言うと、フィットネスクラブを利用しているのは日本人全体の３％程度です。つまり最大でも、その地域人口の３％くらいの会員数しか見込めないということなのです。

現在、高齢者の医療費増大といった社会問題が注目されています。中高年層、高齢者が予防療法としてフィットネスクラブを利用することは、自らの体調管理への意識が高くなり、健康に常に関心を持つことになるので、医療費の抑制にもつながって大変よいことなのですが、中高年層の会員を増やすのは容易ではありません。

またフィットネスクラブの現実として、入会してもなかなか継続して通ってもらえないということが挙げられます。これは入会したスクールに魅力を感じなかったからだと言えます。

これから先、とくに中高年者でフィットネスクラブを利用する人は徐々には増えていくと思いますが、劇的な会員の増加はまだまだ見込めません。

そういった中で経営を安定させるためには、**「一度入会した会員を離さない」**、これが一番の戦略です。

フィットネスクラブだけでなく、スクールビジネス全体に言えることですが、習い事は生きがいにもつながりますし、この先も参加人口が極端に減ることはないと、業界全体の将来に関しては楽観していますが、個別のスクールが生き残るためには、会員が継続して通いたくなるようなスクールにするために、経営努力が必要なのです。

さあ、あなたのスクールの収益をアップさせよう！

そもそも私がこの本を書こうと思ったのは、この仕事が好きだという理由が一番です。今、この仕事をしているみなさんも、私と同様の思いなのではないでしょうか。私は自分の「好きなこと」を仕事にできていることが、とても幸せだと感じています。

私は社会人1年目には、スポーツクラブのスイミングインストラクターとして働き始めました。そのきっかけは学生時代のアルバイトです。

そのスポーツクラブは、私が子供のころに通っていたスイミングスクールと同じ施設でした。私は喘息気味で、両親が体を鍛えるのによいだろうと考えて、兄や姉も通っていたスイミングスクールに、私を幼児期から通わせていました。比較的、覚えが早かったので、小学校低学年時に4泳法（クロール、背泳ぎ、平泳ぎ、バタフライ）をマスターすることができました。

スクール経営者として子供会員のイベントを指揮する筆者

私は周囲の子供たちより早く上達したのですが、その理由はスイミングスクールに行くこと自体が楽しかったということが大きいと思います（体育教師の父親譲りの運動神経のよさも影響しているとは思いますが）。

当時私を指導してくれていたスクールのコーチに、よくほめてもらった記憶があるので、自然とスイミングを習うことにやる気がわいたこともあるでしょう。

私がスポーツクラブのアルバイトの面接に行ったときに、私の子供時代当時からスイミングコーチをしているスタッフがまだいたのには驚きました。「とてもやりがいのある仕事だ」とそのコーチに教えていただいたことは、今でも私の大切な仕事観となっています。

そんな経験から、私もスポーツ関連の仕事に関わりたいと思い、スポーツインストラクター

0-3 卒業後3年以内の離職率の高い上位5産業

大学		高校	
①宿泊業・飲食サービス業	53.2%(+0.9P)	①宿泊業・飲食サービス業	66.2%(▲0.7P)
②生活関連サービス業・娯楽業	48.2%(▲0.4P)	②生活関連サービス業・娯楽業	61.1%(▲1.5P)
③教育・学習支援業	47.6%(▲0.9P)	③教育・学習支援業	59.8%(▲5.9P)
④サービス業(他に分類されないもの)	39.1%(+0.9P)	④小売業	51.9%(▲1.4P)
⑤小売業	38.5%(▲0.9P)	⑤建設業	50.0%(+1.5P)

(2015年　厚生労働省　(　)内は前年比増減)

を目指す学校に通おうと思ったのです。

私がスクールビジネスという仕事を始めてすぐに感じた違和感は、既婚男性社員が本当に少ない職場だということです。何年働いても給料があまり上がらないため、男性社員はみな、所帯を持つと転職してしまうのです。

ものすごく教え方の上手な先輩コーチや魅力的なレッスンをする先輩インストラクターの方々が、みなやめていってしまうのです。

フィットネスクラブの場合、比較的離職率の低い大手チェーン店でも、平均在職年数は10年未満です。これはクラブに通う会員にとっても、会社にとっても非常に残念なことだと思います。

サービス業全体として言えることですが、とくに近年、離職率が高くなっていると感じます。厚生労働省発表の統計では、新卒3年以内の離職率の高さが目立ちます。学習塾をはじめとする「教育・学習支援業」の47・6%という大卒者の離職率は衝撃的でした（表0-3）。

スクールビジネスは〝人〟が成否を大きく左右するビジネスであるにもかかわらず、優秀な人材が育成されない環境であることを、私は大きな問題だと考えています。その問題を解決するには、スクールビジネスの収益状況を改善することが何よりも大切であり、そのためにはいかに会員にスクールに継続して通ってもらうかが一番の課題になります。

この本を通じてスクールビジネスで成功する経営者、講師を少しでも増やすことができれば、これにまさる喜びはありません。

私は今でも、講師として、経営者として、コンサルタントとしてこのビジネスに関わっていますが、成功ばかりでなく、多くの失敗も経験してきました。

その経験を踏まえて、次章からスクールビジネス成功のヒントをお伝えしていきますので、ぜひ読み進めてください。

あなたのスクールで、今以上に収益を上げる可能性が見えてくると思います。

1章

なぜ集めた会員はやめてしまうのか

1 会員がやめるのは当たり前

▼会員は「スクールに長く通いたい」と思っていない

スクール事業を運営するクライアント企業との会議では、現場のマネージャーから必ず次のような報告があります。

「今月の退会者（やめた会員）は○○名です」
「今年度、予測される退会者は○○名です」

そして、その報告を受けた経営者からスタッフに発せられるのは、「退会者を減らせ！」「何としてでも続けてもらえ。退会を食い止めろ！」という言葉です。

カルチャーセンターやスポーツクラブなどのスクール事業経営者が、売上げを考えるうえで一番重要なのは会員数です。まず、やめる会員数を予測し、それを上回る集客を考えなくてはなりません。

どんなスクールでも毎月、数パーセントの会員はやめていきます。退会者をいかに減らすかが、安定したスクール運営にとって大変重要なことなのです。

しかし私は、経営者に対して、「社長、**会員はやめて当たり前**と考えてください」と最初にお伝えします。当然ですが、これは、**やめて当たり前なのだから気にするな**ということではありません。

目的にもよりますが、基本的にスクールに通う会員は、「このスクールに長く通いたい」とは思っていない場合が多いのです。

▼気軽にスクールを移ってしまう会員の真意

何か習い事や稽古事を始めようとするとき、具体的に「いつまで続けよう」とあらかじめ計画している人はまずいません。あなたにも思い当たる点があるでしょう。

もっと言えば、会員は「スクールに通って、できるだけ短期間で効果を上げたい」「早く技能を習得できればいい」と考えています。

さらに、競合する施設はたくさんあるので、もっと習い事を続けたいと思っているのなら、たとえあなたの施設が最寄りのスクールだとしても、近隣の競合施設や講師の評判のほうがよければ、よりよい環境で習いたい、と考えるのが普通なのです。

過去にスクールのマネージャー職に就いているときに、会員の思いがけない退会を何度も経験しました。

ヨガ教室に通っていたこんな方がいらっしゃいました。

1-1 フィットネスクラブの競合は時代とともに変化している

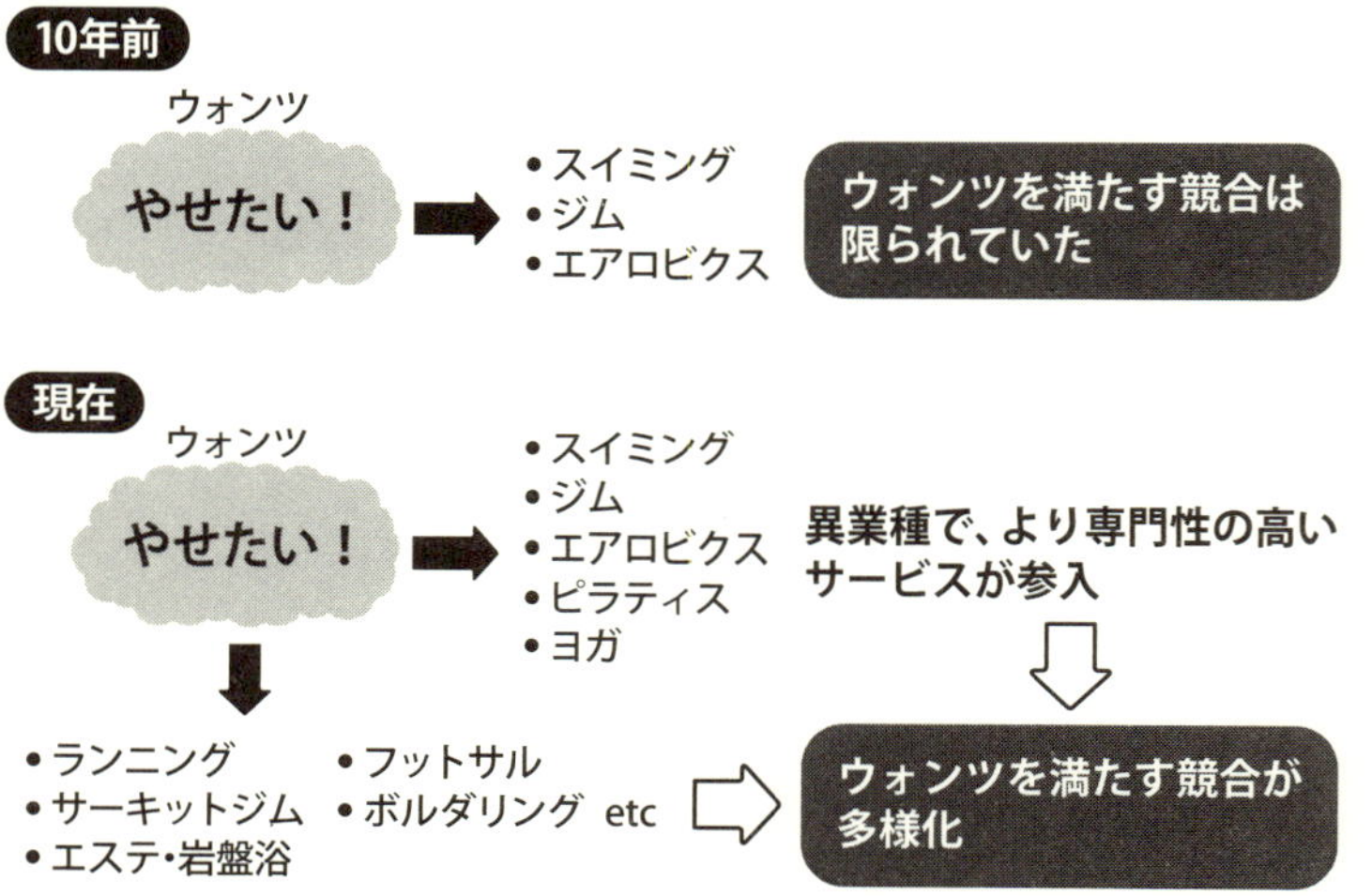

レッスンにも積極的で、「楽しい、効果が出てきた！」と、私たちスタッフに笑顔で声をかけてくれる、とても素敵な会員でした。「この人はきっと長く続けてくれるだろう」と思ってました。

それが入会して3ヵ月目に突然、退会手続きをしてやめてしまったのです。

私はそれを聞いてひどく驚き、肩を落としました。その人は近隣に新しくオープンしたヨガ教室に体験入会し、そのままスクールを移ってしまったのです。

あなたにも、似たような経験がおありではないでしょうか？

▼競合するのは類似スクールだけではない

序章でお伝えしたとおり、スクール事業は「教養・技能教授業」であり、ここに分類される「フィットネスクラブ」「スイミングスクール」「ヨガ教室」

「ダンス教室」といったものは、生活に必ずしも必要なものではありません。

会員は、いつでもスクールをやめることができます。しかも、ほとんどのスクール事業は、近隣にある競合する類似施設と会員の争奪戦を繰り広げています。

さらに旅行やカラオケなど、多種多様な余暇の過ごし方がある昨今、常に他業種との「時間の奪い合い」競争にもさらされている厳しい現実があります。

スクールは教養・技能が身につき、自分のためになる成長の場ですが、会員は楽しく学べなければすぐにやめてしまいます。

スクール事業を経営していくのなら、「会員はあっさりやめるもの」と覚悟しておき、そのうえでどう対応するかが重要なのです。

2 会員の心理を理解しよう

▼会員はみな、いいイメージを持って入会している

まずは自分がスクールに通う会員になったつもりで、「なぜ入会しようと思ったのか」を考えてみましょう。人それぞれ考え方や価値観が違うので、人の心理を100％理解することは不可能です。しかし、人が何か行動や選択をするときには、必ず何らかの感情を伴います。

スクールに通う会員が「続ける」か「やめるか」を選択するときには、何らかの感情があってそうするので、そうなった理由を把握することは、とても大切なことです。

会員の心理を考えるときには、スクールに入会したときの会員が、どんな気持ちだったのかを想像してみることが重要です。

会員がスクールに入会した当初は、そのスクールに対してとてもいいイメージを持っています。それは当然のことで、集客の際のチラシ広告では、キャッチコピーや見出し、ビジュアル画像から詳細内容まで〝いいことづくし〟の内容を盛り込んで売り込んでいるからです。

通常、入会時のセールス、クロージングでは、スクールの欠点や弱みを率先して伝える施設は少ないでしょう。もちろん入会前の時点では、スクールのアピールポイントの売り込みは必要な

ことなので、否定しているわけではありません。

ただ、そういった状況で入会するのですから、会員は、スクールに対してネガティブなイメージを持つことなく、**いいイメージだけを持って入会しているる**ということを、まずは理解する必要があるのです。

▼一目惚れが冷めたときに……

私はこのような状態を「一目惚れで始まった恋愛のようなもの」だと考えています。

一目惚れで始まった恋愛（これはあくまでも私と私の周りの人たちを見ての経験です）は、相手に対して何の不満もなくて、好きで好きでしょうがない100点満点の状態です。相手のことを考えるとワクワクし、早く会いたくて仕方がないような絶頂期です。

しかし、時間がたつにつれて、「何か想像していたのと違うなぁ……」「何かもの足りない気がしてきた」といった感情が芽生えてくるのです。これは完全に減点法の考え方です。

つまり交際開始時が、一番気持ちが盛り上がっているピークだったからこそ、長続きしないケースが多いのです。

話をスクールの会員に戻します。前述したように会員は、スクール入会時にはとてもいいイメージを抱いています。スクールに対する期待、目標を達成する意欲に満ちあふれているのです。

しかし、実際にスクールに通い始めてしばらくすると、一目惚れの恋愛が徐々に冷めていくような感情を抱くようになります。「何か思っていたのと内容が違う……」と。

このような感情を抱いてしまった会員は、その後のわずかなきっかけで退会してしまう〝とてもやめやすい状態〟になります。

スクール全体に対しての場合や、担当の講師に対しての場合など、いろいろな不満のケースがありますが、悪いことに、嫌になったきっかけ、行きたくなくなった理由を、会員はなかなか口にしてはくれません。

アンケートでもはっきりと記入してくれる会員は多くありません。だからこそ、嫌になる感情を抱かせるような、ほんの小さなきっかけをつくらないようにする必要があるのです。

さらには会員が入会時にどのような気持ちでいたのか、**なりたいイメージ（ビジョン）を持っていたら共有し、理解し、その気持ちを持続させる**ことがとても大切です。

▼マイナス面も伝えて長続きする関係をつくる

私のクライアントである、ある学習塾運営企業の事例をご紹介しましょう。

この学習塾では入塾説明会のときにじっくりと時間をかけて、塾の指導理念と方針を保護者に理解してもらえるように説明しています。そして、「塾に通うだけでは成績は上がらない」といった、保護者には言いにくいことも、はっきりと塾長が説明します。

このような入会前の事前説明会は、入塾後に感じやすい**「思っていたのと内容が違う」という**

感情を抱かせないためにとても効果があります。

生徒に対し、学習指導で成果を出すスクール運営をしていくことは当然なのですが、そこに過度な期待を抱かせてしまうと、長続きしない会員が増えてしまうのも事実です。一見、マイナスだと思われることでも、正確に伝えることで、「あ、このスクールはデメリットを伝えている。信用できるな」と思ってもらえます。

集客する際に誇張した表現になりやすいのはある意味、仕方がないかもしれませんが、クロージングの際は、入会後に期待はずれだったということがないように、いい面と、期待に沿えない部分があることの両方を伝え、理解したうえで入会してもらうことが大事です。

一目惚れで始まった恋愛のように、熱しやすく冷めやすい会員を増やさないようにしていきましょう。

▼会員が退会する理由

あなたのスクールでは、1年間以上通い続けている会員がどのくらいいるでしょうか？

ある習い事の調査によると、「80％以上の会員が1年以内にやめる」という結果が出ていました。80％までではないにしろ、1年間続かない会員が結構いるのではないでしょうか。

スクールの性質や内容によっては、意図的に短期に修了させるスクールもありますが、多くのスクールは、できるだけ長く通い続けてほしいと思っているでしょう。

1-2 退会の主な理由

順位	理由	パーセンテージ
1位	時間が合わなくなった	35%
2位	環境変化（転居、転勤、病気、ケガ、出産・育児）など	26%
3位	通うのが面倒になった	20%

（2015年　一般社団法人日本スポーツ支援機構調べ）

では、なぜ会員は通い続けられないのか、通い続けようと思わないのか、会員のやめた理由・結果から考えてみましょう。

様々なスクールがありますが、ここではスポーツクラブを例に見てみます。上表を見ると、「時間が合わなくなった」ことが退会の一番の理由になっていますが、一歩踏み込めば、「わざわざ時間をつくってまで通う価値が感じられなくなった」ということが言えます。これは先ほどの一目惚れの状態から、一気に気持ちが冷めてしまった状態とも言えるでしょう。

退会理由の３位に「通うのが面倒になった」とありますが、本当はこのように思っていても、なかなか正直には答えてくれません。

繰り返しますが、習い事は生活に必需ではありません。退会理由の１位にある「時間が合わない」などの抽象的な理由は、それを端的に表わしていると言えるでしょう。少しでもネガティブな感情がわいてくると、すぐにやめてしまうのです。

会員は、常に明確な目標があり、いつでもそれを意識できるようにスタッフがサポートしなければ、しだいに飽きてくるのです。

常にスクールに通うメリットを感じさせ、長く通ってもらうために、スクール運営では**会員が飽きないような工夫を心がける**必要があるのです。

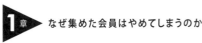

3 まずは3ヵ月続けてもらうことが大事

▼3ヵ月目に通い始めたときの気持ちを振り返る

スクールの会員がやめやすいタイミングとして「3ヵ月目」がポイントです。逆に言えば、3ヵ月続いた会員は、しばらく継続するケースが多いのです。

なぜ3ヵ月なのでしょうか？　私自身、様々なスクールに通っていた経験があるのでわかるのですが、3ヵ月目にやめやすい理由は、**3ヵ月という期間によって、「振り返り」ができる**からです。

ほとんどの人がスクールに入会した当初は、やる気満々で通い始めます。1ヵ月はこの状態が続くでしょう。2ヵ月目になると、たまたま休んだことがきっかけで何となく面倒になってスクールをたびたび休んでしまったり、回数制限のないスクールでは、利用回数が減ってしまう場合があります。

ここで3ヵ月目を迎えるわけですが、通い始めたときの気持ちを利用回数と比較ができるのが、ちょうど3ヵ月目なのです。

「先月（2ヵ月目）はあまり来られなかったなぁ」……1ヵ月前、2ヵ月前を振り返って、無意識に現在（3ヵ月目）の自分の状況や感情と比較してしまうのです。

1-3 3ヵ月目にやめる会員の気持ちの変化

入会1ヵ月目	やる気満々！　よぉーし、やるぞぉ！
↓	
入会2ヵ月目	今日は面倒くさいなぁ……えーい、休んじゃお～
↓	
入会3ヵ月目	イマイチやる気が出ないなぁ…… やめよっかなぁ……
↓	
退会	

この「振り返り」ができる3ヵ月目に、会員がどのように感じるか、思うかによって、その後スクールを継続するかどうかが決まってくると言っても過言ではありません。

そのためにスクール運営では、新たに入会した会員に対して**最初の3ヵ月間は、とくに徹底的にフォローする**ことが重要なのです。

カルチャーセンターでは、会費の徴収を3ヵ月ごとに行なっているケースが目立ちます。入会する際に、あらかじめ3ヵ月分の会費を受領することは、3ヵ月通うことを約束してもらうための大変いい仕組みだと思います。

しかし会員にとっては、振り返りができる3ヵ月目でもあるので、あらかじめ会費をいただくシステムだからといって、それに甘んじてはいけません。

▼新会員はアドバイスを求めている

私は、コンサルティング先のスクール会員とコミュニケーションをとる機会が多くあります。すると、3ヵ月間通っている会員でも、まだスタッフの名前を覚えていない人、知らない人がいることに驚きます。

これは、新入会員とスタッフが、しっかりとしたコミュニケーションをとれていない証拠です。新しい会員は、施設にも慣れていません。自分の目標を達成するためにスタッフにアドバイスしてほしいと思っても、なかなか声をかけられないのです。

さらには、一度聞いたことをもう一度聞くことに対し、

「前も聞いたし、声をかけづらいなぁ……」

と感じています。そんなときにスタッフから、

「何か困っていることはありますか？」

「以前の説明でわかりにくかったことはありませんか？」

「わからないことがあったら、いつでもお声をかけてくださいね」

と進んで声かけをすると、会員はとても安心するのです。スタッフからのきめ細かなフォローが必要な時期なのに、それがないのであれば、やめてしまうのも仕方がありません。

▼講師と会員の理想的な関係を築く

会員からコミュニケーションをとりやすくするためには、スタッフが**会員の名前を覚え、名前で声をかける**ことです。そうすると、会員からも声をかけてくれるようになります。

顔はわかっても、名前が思い出せないことはよくあります。会員の名前をきちんと覚えていなければ、挨拶程度の当たり障りのない会話しかできず、会員のことをより深く知るための質問が

しづらいはずです。

でも、会員の名前を覚えておけば、積極的に声かけができるうえに、会話の質がしだいに、挨拶からスクールの内容についての話へと変わっていくことを実感できます。

そうすると会員との距離がぐんと近くなりますし、スタッフの名前も必ず覚えてくれます。そして会員は、「このスクールは、スタッフが寄り添ってくれるいいスクールだ」と記憶の中にインプットするのです。

このような信頼関係が構築されると、会員のほうから、「今、○○に悩んでいて……」「△△するには、どうしたらいいでしょうか?」と、より講座の内容に沿った相談の会話へとシフトし、理想的な講師と会員の関係を築いていくことができるのです。


最初の3ヵ月で、会員に「楽しい」「上達する」「ためになる」と感じてもらい、スクールに通うことを継続してもらうことが〝はじめの一歩〟ではないでしょうか。

そのためには、スタッフから接触する頻度を多くし、必ず会員の名前を呼んで声かけをすることが重要です。

4 常連会員がスクールを支える

▼常連会員を育てる

3ヵ月間しっかりとフォローした会員は、徐々にフォローの回数を減らしても大丈夫でしょう。スクールに通うことが、その会員のルーティンになっていくからです。

おおよそ入会シーズンは、春（3・4・5月）と秋（9・10月）と言われています。シーズンのいい時期は通ってもらいやすいのですが、夏や冬は通う環境が厳しいので、やめやすいタイミングでもあります。これを乗り越えさせることが大事です。

1年間通い続けた会員は、寒い時期や暑い時期、その会員の仕事の都合や家庭の都合で忙しい時期でも、それを乗り越えて通ったことが実績となっています。

まずは3ヵ月通ってもらうのがひとつ目のステップです。3ヵ月通ってもらえたら、次は1年間通ってもらうことを目指しましょう。

1年間続くと、会員は自然とスクールスタッフとも親しくなり、スクール内に知人がたくさんできます。するとそこには、その人の**「居場所」ができあがる**のです。

ここまでくれば、いわゆる「常連会員」です。言い方は悪いかもしれませんが、ある程度放っておいても通い続けてくれる、とてもいい会員です。

スクールビジネスでは、いわゆる常連会員が多くいると安定した収入が見込めるため、この状態に会員を育てることが、成功するスクール経営の重要なポイントとなります。

▼スクールを継続することの会員のメリット

また常連会員は、一番、新たな会員を「紹介」してくれやすい人なのです。

自分自身が通い慣れておらず、居場所を確保できていない新規会員が、心細さから友人を連れてくる場合も多いのですが、それよりも常連会員の紹介で入会した会員は、常連会員と自分自身の居場所を共有できるため、とても継続しやすい会員、つまりその人も常連会員になることが多いのです。

スクール運営では、何より会員に気持ちよく通い続けてもらうことがよい連鎖を生むため、**最初の3ヵ月間の会員に対する関わり方で、1年間続けさせる努力を惜しまない**ことが大切です。

長くスクール通いを継続することは、会員にとってもメリットがあります。

フィットネスクラブやヨガスタジオ、スイミングスクールなどのスポーツ系スクールの場合は、通い続けることで、**体調を管理しながら健康を維持できる**というメリットがあります。

歌、ギターなどの音楽教室、料理教室、カメラ教室、語学教室などの文化系スクールであれば、**技能を習得し、さらにスキルを高められます。**そしてそれをいろいろな場面で披露することもできます。

私がスクールの講師をしていたころ、そのスクールに詩吟と日本舞踊を習いに通っていた女性がいました。

彼女は習い続けることで腕が上がることに喜びを感じていましたが、それ以上に、詩吟を習っていることで周りから一目置かれていることに大きな喜びを感じていました。いろいろなところから声がかかり、「詩吟を披露してほしい」と言われることで、自己重要感が満たされていたのです。


そしてもうひとつ、スクールの大きなメリットは、好きなこと、共通の趣味を持つ仲間ができることではないでしょうか。趣味は人生に彩りを添えるものであり、会社、家族、親戚以外の同じ価値観を持った友だちとの出会いは、一生の財産となるのです。

5 スクール型ビジネスの一番の問題点

▼バケツの穴から水が漏れ続けている！

集客は、どんなビジネスであれ必須です。これまでお伝えしたように、スクール型ビジネスでは、どんなにがんばっても会員は毎月やめていくため、当然、新規入会者を募集し続けなければなりません。

しかし、以前スポーツクラブに勤めているときに、上司はいつもこう言っていました。

「バケツに穴が開いていたら、いくら水を汲んでも増えていかないんだよな」

この言葉は今でも鮮明に私の記憶に残っています。上司はいつも悩みながら、口癖のように言っていました。

これは、集客ばかりに力を入れても、会員のフォローをして**退会を防ぐ工夫をしなければ、絶対に売上げは増えない**ことを言い表わしています。その当時はあまりピンとこなかったのですが、今では私もまさにそのとおりだと痛感しています。

ほとんどのスクールでは、退会者に対する策を講じないで、**新規会員の集客ばかりにフォーカスしている**からです。

1-4 穴の開いたバケツでは水はいっぱいにならない！

「入会キャンペーン」で
新規会員をいくら
集めても……
毎月3%の会員が
こぼれ出てしまう

▼「いつも入会キャンペーンをやっているね」

スポーツクラブに限ったことではありませんが、多くのスクールビジネスでは、集客のために必ずと言っていいほど「入会キャンペーン」を行なっています。

・入会金無料！
・さらにお友だちと一緒に始めれば開始月の会費半額！

スクールで習い事を始めようと考えている人が、実際に行動を起こすまでには、なかなか踏ん切りがつかず、ある程度の時間を要するものです。入会キャンペーンは、スクールを始める際の心理的ハードルを下げる効果があります。

しかし、はたしてキャンペーンで入会した会員は、どれだけ続いているでしょうか？

カルチャーセンターやスポーツクラブでは、全会員数に対して毎月３％程度の会員がやめていきます。多いところでは、退会者の割合は5%にもなるという事実を認識していますか？

退会者の割合が下がらない限り、いくらキャンペーンで多くの人を入会させても、会員数は右肩上がりにはなりません。

退会には転居や病気、ケガなど致し方のない理由の場合もありますが、繰り返し述べているように、それ以外の理由でやめる会員のほうが多いのです。


会員を入会させることばかりに力を注いでいてはいけません。スクールビジネスでは、**退会者の割合をいかに下げるか**が、効率性、効果性を考えてもスクール経営を安定させる一番の解決策なのです。

まずは、水をいっぱいにしようとしているバケツの穴をふさぐことから始めましょう。

これまでに、「いつも入会キャンペーンをやっているね」と既存会員から言われたことはありませんか？

会員がこう感じているのであれば要注意です。

6 会員を継続させることで利益が生まれる

▼退会者が売上げを減らす実感

大きなカルチャーセンターやスポーツクラブなどでは、会員数が何千名という規模も珍しくありません。

この業界では、会員数に対して毎月3％の退会者が出るということは当たり前で、まったく不思議ではないのですが、他の業界から見れば、「えーっ！ 何てもったいない！」と感じることでしょう。

例えば、会員数が1000名のスクールで、退会者割合が毎月3％の場合、毎月30名の会員がやめていきます。これを1年にすると、360名がやめていく計算です。

会員の月会費が1万円だとしたら、「1万円×12ヵ月×360人＝4320万円」と、年間4300万円も売上げが減ることになるのです。

大変大きな金額です。しかし、やめる会員が半分になるだけで、年間で2000万円以上の売上げが確保できるのです。

1-5　退会者率３％の恐ろしさ

	4月	5月	6月	7月	8月	9月	10月	11月	12月	1月	2月	3月
月初会員数	1000	970	941	913	886	860	834	809	785	762	739	717
退会者数(3%)	30	29.1	28.23	27.39	26.58	25.8	25.02	24.27	23.55	22.86	22.17	21.51
月末会員数	970	941	913	886	860	834	809	785	762	739	717	696

※年度はじめに1000名の会員がいたとしても、退会者率が3%の場合、
年度末には696名になってしまう！

▼宣伝広告より既存会員を大事に

あなたのスクールでは、新規の会員を獲得するために、宣伝広告、販売促進に年間どのくらいの費用を使っているでしょうか？

毎月退会していく会員数を補うためには、新規会員の集客用の宣伝に使う費用をまったくゼロにすることはむずかしいですが、会員がやめない環境になれば、この費用は抑えることができるはずです。

新規会員獲得に力を入れるより、既存の会員が満足して、喜んでもらえるように注力すれば、もっと紹介で入会する会員が増える可能性もあります。

会員に継続してもらうためにはどうすればいいのかを考え、その策を実践したほうがいい連鎖が生まれやすく、今まで以上に利益も生まれやすい環境になっていくのです。

7 会員が通い続けたくなるスクールづくり

▼会員がやめないスクールとは

これまで会員がやめてしまう理由と、やめる会員を減らすことによって、どれだけスクールにとって利益が出るかということをお伝えしてきました。考えてみれば、これは当たり前のことです。

それでは、会員がやめないようにするためには、どうすればいいのでしょうか？

それは、会員が続けたいと思うようなスクールにすればいいのです。「そんなこと、簡単に言われても……それがわからないんだよ」と思われるかもしれません。

では、会員の立場になって考えてみてください。あなただったらどんなスクールに通いたいですか？

「スタッフ全員がはつらつと笑顔で出迎えてくれる」「建物に入ると活気を感じる」「清潔感がある」「講師（コーチ）が厳しくも優しく教えてくれる」「通っている会員が楽しそうにしている」「フロントスタッフの対応が気持ちいい」……私がちょっと考えただけでもたくさん出てきます。

居心地のいい空間・雰囲気の中で、自分の目指す目標に向かって成長できるスクールこそが、会員が通い続けたいと思うスクールではないかと思います。

1-6　会員がやめないスクールの好循環

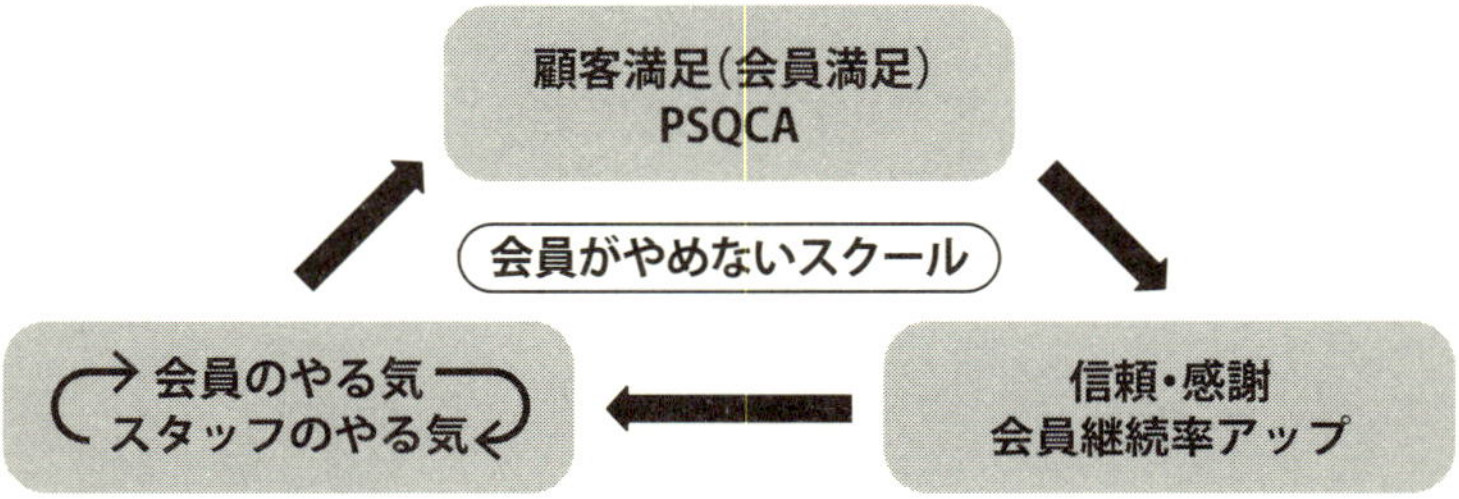

PSQCA:P(プライス)・S(サービス)・Q(クオリティ)・C(クレンリネス)・A(アトモスフィア)。2章で詳述

▼好循環サイクルを回す

上の図は、会員がやめない理想的なスクールの循環を表わしています。

会員のやる気を引き出すには、スタッフのフォローが必要不可欠です。そのためにはスタッフ自身のやる気も不可欠であり、これらは相関関係にあります。

会員のやる気が上がれば、スタッフのやる気も上がります。そうすれば顧客満足へとつながります。顧客満足には次章で紹介するような要素（ＰＳＱＣＡ）が必要ですが、会員にとってそれが満たされると、スクール、スタッフに対して信頼の気持ちと感謝が生まれます。

そうすると、会員の継続率が上がります。会員の継続率が上がれば、スタッフのモチベーションへとつながり、それが会員へのコミュニケーションへと反映し、会員のやる気も増し、顧客満足につながる……というように好循環サイクルを回すことができるようになるのです。

2章

会員が通い続けてくれる大切な5つの要素

1 会員が通い続けてくれるために必要な5つの要素とは？

▼会員が通い続けるスクールには理由がある

会員が「やめるか、続けるか」を判断する基準は、会員のやる気以外に、そのスクールに対する「顧客満足度」が非常に大きなウエイトを占めています。

顧客満足度は、CS（Customer satisfaction）とも言います。会員は意識している、していないにかかわらず、月々支払っている会費と通っているスクールの価値を比べています。スクールの価値が会費以上に感じられなければ満足度が低下して、満足度が下がった状態が続くと会員はやめやすくなります。

退会率が低く、長年にわたって経営を続けているスクールがあなたの近くにあるとしたら、そこは会員の満足度が高い、素晴らしいスクールであると言えるでしょう。

では顧客満足度を一定以上に維持するためには、何をどうしたらいいのでしょうか。それを考えるには、とても大切な要素が5つあります。これらを理解し、意識してスクール運営に当たるのとそうでないのとでは大きな違いが出てきます。

まさに、会員が通い続けてくれるとても大切な要素なのです。うまくいっているスクールは、

2-1 お客様が「満足」を感じるときとは？

お客様の判断基準＝顧客満足度

充実度 ➡ 実際に感じた価値
期待度 ➡ 事前に予測される価値

$$\text{顧客満足度} = \frac{\text{充実度}}{\text{期待度}}$$

①期待 ≪ 体験・体感 ➡ 躍動
②期待 ＜ 体験・体感 ➡ 感謝
③期待 ＝ 体験・体感 ➡ 満足
④期待 ＞ 体験・体感 ➡ 不満足

この5つの要素をしっかりと把握して、自分たちができているところ、改善したほうがいいところを認識し、努力しているのです。

▼期待以上のサービスを提供する

顧客満足度とは、会員の判断基準です。そこにはサービスを実際に体験・体感して感じた価値である「充実度」と、サービスを購入する前に、そのサービスに対してどんな価値を想像していたのか、会員が当初抱いていた「期待度」が影響します。

実際に体験して得られた価値が、期待していた価値を上回るかどうかによって、「期待以上に素晴らしいスクールだ！」と、会員が満足してくれるかどうかが決まるのです。

見学者や体験者は、最初にスクールの施設内で体験した内容をもとに、入会するかどうかを判断します。そして会員は、顧客満足度の度合で、このまま通い続けるかどうかを判断しているのです。

会員に通い続けてもらうことが前提のスクールビジネスでは、**常に会員の期待どおり、もしくは期待以上のサービスを提供していく**ことが、何よりも重要なのです。

私は、顧客満足度の指標として次の５つの要素が大きく関係していると考えています。

①P（プライス）……価格。商品、サービスに対して支払う金額
②S（サービス）……接客・接遇。商品、サービス提供の仕組み
③Q（クオリティ）……提供している商品、サービスの品質
④C（クレンリネス）……スタッフや施設の清潔感
⑤A（アトモスフィア）……施設全体が醸し出す雰囲気

プライス（価格）に対して、サービス、クオリティ、クレンリネス、アトモスフィアが勝っていれば、会員は価値を感じ、満足して通い続けてくれるスクールになるのです。

では、この５つの要素を個別に見ていきましょう。

2 5つの要素① P（プライス）価格を上回る付加価値があるか

顧客満足度の事前期待を大きく左右するのはＰ（プライス）です。基本的にこのプライスで商品やサービスの期待度が変わります。例えばお客様は、１００円ショップで「ここに1万円以上の価値がある商品があるかも」といった期待はしていないでしょう。

期待値は価格がコントロールするので、新規ビジネスを立ち上げる場合は、「近所のライバル店やこういった業種は大体このくらいの価格だから」と安易に価格設定することは避けましょう。また既存のスクールでは、現状の価格設定が妥当なのか、会員の定着率を調べ、見直してみましょう。

考える基準としては、価格が競合施設より高い場合、**サービスの面で他との差別化や独自のウリがしっかり市場に打ち出せているかどうか**を見直します。価格が競合施設より安い場合は、**付加価値をつけられるサービスがないかどうか**を考え、新たなサービスに対して新価格を設定し、会員単価を上げていくことを考えます。

スポーツクラブ業界の年間の個人消費金額は平均して10万円前後です。月会費にすれば８０００円程度。多くのスクールの場合、1万円を超える月会費のときには、他とは違う付加価値が必要です。まずは自身のスクールの価格を見つめ直してみましょう。

3 5つの要素② S（サービス）サービスに関する13のチェックポイント

サービス要素では人的なサービスが中心です。受付・講師だけでなく、清掃担当者、駐車場担当者など、スクールに関わるすべてのスタッフに会員を満足させる対応が必要となります。会員はスクールスタッフに対して、様々な要求を持っていることをまず理解しましょう。サービスに関してチェックするポイントは、次ページ表2-2の13項目です。

①商品知識は自分の担当以外のことでもしっかりと把握しているか

基本的に、スクールに在籍している受付・講師は、スクールのすべての商品、サービスについてひととおり理解しておいてもらいたいと思います。受付スタッフは、商品知識として絶対知っておかなければなりませんし、講師は、自分が担当していない教室の内容も把握しておいてほしいものです。

とかく講師は、自分が担当している講座については強く意識できているのですが、担当以外には意識が行かない傾向にあります。例えば、スポーツクラブで言えば、スイミング担当のスタッフは、フィットネス部門のヨガクラスやエアロビクラスの先生がどんな人で、どんな内容のこと

2-2 サービスに関してチェックするポイント

①商品知識は自分の担当以外のことでもしっかりと把握しているか
②会員の個性に合わせた挨拶ができているか
③講座内容、会費の説明がわかりやすいか
④入会の手続き時間が長すぎないか(15分以内)
⑤受付時の手続きなどで会員をフロントで待たせてしまうことがないか(5分以内)
⑥〔直接・電話〕対応時に会員情報がすぐにわかる会員管理システムになっているか
⑦会員との来館時の接触が3回以上あるか
⑧会員の初期定着率を把握しているか
⑨入会初期から3ヵ月までのタイミングに合わせた会員への声かけができているか
⑩会員にとって友人を紹介することで特典があるか
⑪イベントやスクール外活動などを積極的に実施しているか
⑫受付・講師以外のスタッフもおもてなしの心を持って会員に接しているか
⑬会員が受付に伝えた内容が講師に届いているか

をやっているのか、知ろうとしない傾向にあります。

スイミング担当であっても、会員はすべてのスタッフがスクールの一員と見ているので、スクールのことはひととおり知っておいて、会員からいつ質問があっても、適切に案内できるようにしておかなければいけません。

それができないと、「このスクールは、きちんと説明してくれないな」と感じるのです。**誰に聞いても何でも答えてくれると思ってもらえる「ワンストップサービス」**が理想です。

会員から、「○○先生、△△クラスってどんなことやってるの?」と聞かれたときに、「えっ、どれですか? ちょっと待ってくださいね」と受付に聞きに行くようでは、いいサービスとは言えません。

カルチャーセンターの場合は、各講師がそれぞれ個人事業主というケースが多いので、彼らにとって競合になる教室もあります。健康系クラスであれば、ヨガ教室だけでも曜日と時間が違うクラスがいくつもあり、いろいろなヨガの講師が担当しているので、講師目線からしても、それぞれのクラスがどんな内容のことをやっているのか、他を知ることはとても大切です。

また、受付スタッフがそれぞれの教室の違いを把握していれば、会員に合ったクラスを勧められるので、満足度が上がり、定着率向上につながります。

受付スタッフは、講師と積極的にコミュニケーションをとり、どんな内容のことをやっているのか話を聞くことはもちろんですが、**実際に参加してみる**といいでしょう。商品説明がより詳細にでき、体験した実感も伝えられ、会員に新しい商品を勧めるのに大変役に立ちます。

②会員の個性に合わせた挨拶ができているか

会員によって積極的に話しかけてほしい人、雑談が好きな人、さらっと気を使ってほしい人、声をかけないでほしい人など、様々な人がいます。

会員の性格、その日の様子を観察し、その人に合わせたコミュニケーションがとれればベストです。最初はむずかしいと思いますが、会員に関心を持ってどんな人か知ろうとすることで、だんだんと会員の個性がわかってきます。まずは会員に声をかけ、関わっていくことです。

「話しかけると、いろいろと話をしてくれる人だな」

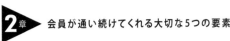

「トレーニングに集中したい人だな。今後は、あまり声をかけないほうがいいな」
「話しかけてほしくない、踏み込んでほしくない人なんだな」
といったことが、わかってくるのです。
これは、会員に積極的に関わってコミュニケーションをとらなければわからないことです。個人個人に配慮ができていることが大事です。会員の個人個人を見ているか、会員というひとくくりで考えていないか、常に顧みましょう。

③講座内容、会費の説明がわかりやすいか

スクールビジネスの場合、たくさんの講座が用意されています。会員にとって講座がたくさんあることは、選択肢が多くあるのでいいことではありますが、講座ごとにルール、会費が違う場合がよくあります。

例えば、「講座ごとに振替えができるものとできないものがある」「体験ができる講座とできない講座がある」「同じ講座なのに料金形態が違う」といった場合です。

基本は、**わかりやすく、明確なシステムになっていること**です。講座の名称は同じなのに内容が若干違ったり、講座ごとに支払い方法が違う、あるいは内容が細分化されすぎていると、会員に説明するときに、それが伝わりにくかったり、ミスインフォメーションの原因になります。

複雑になればなるほどクレームにつながることもあるので、自身のスクールの講座がどうか、見直してみましょう。

④入会の手続き時間が長すぎないか（15分以内）

新規入会時の手続きは、いろいろな書類を書いてもらったり、クレジット手続き、銀行手続きなどがあり、ある程度の時間が必要です。しかしこれは、あくまでもスクールの都合なので、この手続きに時間がかかりすぎると、お客様はイライラしてしまいます。

そこで、どうしても最初に書いてもらう必要があるもの以外は持ち帰っていただき、次回来館時に持ってきてもらうなど、**必要最低限の手続きのみ**にしましょう。入会費用も、現金で2ヵ月分いただくなどして、銀行の手続きも持ち帰っていただきましょう。

これから何度もお会いすることができますし、何より、やる気になっている会員の心を、最初から面倒な手続きでくじかないでほしいと思います。

最近では、ウェブ上で手続きができるシステムで、受付で入会手続きをしなくてもすむような配慮をしているところも多くなっています。入会手続きの簡素化を進めましょう。

⑤受付時の手続きなどで会員をフロントで待たせてしまうことがないか（5分以内）

たまたま入会手続きのお客様と、入退館する会員とが一緒になってしまう場合があります。そのときに会員の方を待たせることのないよう、対応がスムーズにできるような配慮をしましょう。

まず入会手続きのための書類を広げるスペースと、入退館する会員の受付をするスペースをできるだけ離し、スタッフの配置に注意を払います。とくに入退館の混雑する時間帯は、チェックインしたり、ロッカーの鍵の受け渡しなど、受付業務で複数の動きが発生します。スタッフの動線に合わせたスペースの確保と交通整理がうまくできているか、一度見直してみましょう。

入退館の会員にかかりきりになり、入会手続きに来られているお客様を待たせてはいけませんし、逆に、入会手続きにかかりきりになり、入退館の会員に対して、「あっ、行ってらっしゃい！」と声だけかけるような対応だと、会員は不快に感じます。チェックイン・チェックアウトのシステムをスムーズにやれるようにしましょう。

応対する適正人数としては、受付係、電話係、入退館係の3名が常時配置できればいいのですが、それもなかなか大変なので、入退館が混む時間帯だけは、人数を確保できるようシフトを調整しましょう。

⑥〔直接・電話〕対応時に会員情報がすぐにわかる会員管理システムになっているか

会員が来館されたときや、会員から電話があったときに、「□□会員の○○（名前）です」と言われたら、その人の情報がすべて一覧できてわかるようなシステムになっているでしょうか。「何曜日のクラスですか？」とか、「何級ですか？」と聞かれることは、会員にとっては不快に感じます。

もし、システムが導入されていない場合は、エクセルでもいいので顧客管理表をつくり、スタッフの誰でも顧客のことがわかり、対応できるようにしておくことが重要です。

⑦会員との来館時の接触が3回以上あるか

これは、受付スタッフに言えることです。受付では来館から退館までの間に、2回は必ず会員との接触がありますが、それ以外に、もう1回接触する機会をあえてつくりましょう。

例えば、フットサル場の場合は、代表者がレンタルコートの手続きのために受付に訪れるだけなので、終了までの時間にコートまで出向き、「みなさん、今日は大変暑いので、熱中症にならないよう、水分をこまめに取るようにしてくださいね！」などと、ひと言声をかけましょう。入退館の挨拶だけでなく、もう1回、何か声をかけると会員への印象がぐっと変わってきます。

⑧会員の初期定着率を把握しているか

そもそもサービスの目安としては、退会率も大事ですが、初期にどれだけ定着しているのか、その割合を知ることがとても大事です。これを初期定着率と言います。初期定着率とは、主に入会後から3ヵ月までを言い、長い場合では1年間までを言う場合もあります。

今月入会した会員が、来月は何人いるのか、再来月だと何人かというように、スタート月ごとからの定着率を把握するのです。

例えば、「退会率3%の原因が、入会して間もない会員である」ことがわかれば、それは初期定着率が圧倒的に悪い、つまり初期会員への対応サービスが悪いから続かないと言えます。

退会率とともに初期定着率の把握は非常に重要です。入会した人がどれだけ定着しているかがサービスの指標になるので、それが把握できるような仕組みをつくりましょう。

⑨入会初期から3ヵ月までのタイミングに合わせた会員への声かけができているか

スクールの窓口である受付は、講師が兼任する場合もあるかと思いますが、ここでの会員との接点は、来館時と退館時の受付応対なので、比較的短時間です。しかし、接触の頻度がもっとも高い場所でもあります。

そんなとき、受付スタッフが入会したばかりの会員の名前をさらっと呼んでひと言挨拶をする。これだけで、会員がどれほど喜んでくれることでしょう。

常連会員の名前は覚えていて当たり前ですが、新規会員にしても、自分の名前が覚えられていないと、とても居心地悪く感じてしまいます。新規会員の名前を覚え、必ず名前で声かけをしましょう。

次に、受付スタッフと講師が、会員と関わる際のポイントを紹介しましょう。

受付スタッフの場合

例えば、入会初月に行なう声のかけ方として、

講師
●上達したことをピンポイントでほめる 「□□さん、コツをつかんできましたね！」 「□□さん、そうです！　その△△がポイントなんです。よくわかりましたね！　素晴らしいです」 「□□さん、上達早いですね！　こんな早く上達する方はなかなかいませんよ！」
●当初の目標を意識させ、現状を確認する 「□□さんは入会当初は◇◇ということでしたが、現状はいかがですか？」
●目標設定に対しての進捗を把握し、カウンセリングする ●新たな目標設定のサポートをする　　●初期の入会目的の確認

「□□様、受付の○○と申します。□□様がお越しのお時間は、ほぼ私が受付におります。何かお気づきの点や、わかりにくいことがございましたら、どうぞお気軽におっしゃってくださいね」

「□□様、こんにちは！　今月はまだ10日しかたっていないのに、今日で5回目ですね！　がんばっていらっしゃいますね！」

「□□様、本日は初回のスクールどうでしたか？　もしよろしければご感想をお聞かせください」

「□□様、お休みなくお越しいただいていますね。ありがとうございます！」

「先週、講師の○○が、□□様（会員名）のことを『とても飲み込みが早くてすごい』と言っていましたよ！」

などの言葉を添えて、入退館時に声をかけてあげられたら最高です。

入会して3ヵ月ほどたった会員に対しての声かけとしては、

「□□様、先日伺った○○ですが、私もやってみました。大変面白かったです」

などと、**スクールとは関係のない話をする**ことを心がけてくだ

2-3 入会1〜3ヵ月の新会員への声かけ例

声かけ内容	受付スタッフ
1ヵ月目声かけ例	●名前と来館回数を覚えて声かけをする 「□□様、受付の○○と申します。□□様がお越しのお時間は、ほぼ私が受付におりますので、何かお気づきの点や、わかりにくいことがございましたら、どうぞお気軽におっしゃってください」 「本日は初回のスクールでしたが、もしよろしければご感想をお聞かせください」 「□□様、お休みなくお越しいただいていますね。ありがとうございます」
2ヵ月目声かけ例	●講師から教室での状況を聞き、会員へ声かけをする 「先週、講師の○○が、□□様のことを『とても飲み込みが早い』と言っていましたよ」
3ヵ月目声かけ例	●イベントや教室とは関係のない話題で声かけをする 「□□様、先日伺った○○ですが、私もやってみました。大変面白かったです」

さい。そうすることで、会員はスタッフ、スクールとの距離が近くなり、スクールを居心地のいい場所と感じます。

（※当然コアの業務である受付、手続き、案内などはしっかりと行なう前提での話です）

このような声かけができる受付スタッフには、どんどん会員の方からも積極的にコミュニケーションをとってきてくれます。そうなるとスタッフからも、世間話などいろいろな声かけがしやすくなって、会員はスクール時間外でも楽しく通う目的ができます。

会員にとっては、講師にはちょっと言いにくい話などもできる場所になるので、受付スタッフはいつでも聞いてあげられる態勢をつくっていきましょう。

講師の場合

講師はいい講座を提供すればそれでいいのかと言えば、そうではありません。講師にこそ、おもてなしの心を持っての対応が求められています。

サービスに限って言えば、新しく入会した会員に対して、教室になじめるように配慮することが何よりも求められます。

新規会員は、他の会員にどんな人がいるのか、施設の中には何があるのかなど、わからないことだらけで不安な状態です。講師は、彼らの表情、動きを意識しながら、何か困っている様子があれば積極的に声をかけたりするなどして安心させ、少しでも早くスクールに慣れてもらうようにします。また、講師が直接、体験者や新規入会者を案内し、そして受付または出入口までお見送りすることもお勧めします。

⑩会員にとって友人を紹介することで特典があるか

会員が友人を紹介してくれるということは大変なことです。人によっては、教室のスペースでは講師を独占したいという気持ちも働きます。そんなリスクがありながらも知人を紹介してくれるという好意に対して、感謝の気持ちを表わしてほしいと思います。

スクールビジネスでは、友人紹介キャンペーンを年に数回実施していると思いますが、まずは、そのときに紹介してくれた会員に対して、特典と感謝の意を伝えられているかをチェックしましょう。具体的には、スクールの紹介特典としてプレゼントを渡すことが多いと思いますが、それとともに感謝の気持ちを言葉で表わすのです。

たまたま受付したスタッフだけでなく、スクール内で情報を共有し、紹介してくれた会員を見かけたときには、すべてのスタッフが感謝の気持ちを言葉に出してほしいのです。この会員は、スクールに対しての満足度が大きく上がること間違いなしです。

「会員が新規会員を紹介してくれたということはすごいことなのだ」とスタッフ全員が理解し、スタッフ全員で感謝の気持ちを表わしましょう。

⑪イベントやスクール外活動などを積極的に実施しているか

スクール以外でも会員に喜んでもらえる場を提供しているでしょうか。例えば、サマーキャンプ、感謝祭、チャリティバザー、夏祭りなどのイベントです。

このような場をつくると、普段のスクールではできない、会員とのコミュニケーションをとることができるので、会員はやめにくくなります。もし、イベントをあまりやっていないスクールであれば、年間計画を立て、会員が楽しめる場を企画しましょう。

⑫受付・講師以外のスタッフも、おもてなしの心を持って会員に接しているか

受付や講師以外のスタッフとは、清掃員や駐車場の担当者、バスの運転手などを言います。こうした職務の人が会員の名前を覚えるのはむずかしいかもしれません。しかし、会員の立場に立った対応をすれば、必ず伝わります。最低限、会員と目が合ったときには、笑顔で会釈をするくらいはできます。挨拶は必ずしましょう。これだけでも大きな違いがあります。

清掃員、バスの運転手が会員に関わるポイントを紹介しましょう。

清掃員

営業時間中に、ロビー、待合室など会員が出入りしている場を掃除するケースがあります。こうしたケースでは会員がいる場所を避けて掃除をするのが通常ですが、会員の近くにゴミが落ちていることもあります。そんなときには、「少し足元、失礼いたしますね」「前を通ります。失礼いたします」「気になったらおっしゃってくださいね」など、ひと言声をかけるだけで会員の心証がよくなるので、私は必ず声をかけるように指導しています。

中には、会員とすごく仲よくなる清掃員のおばちゃんもいます。仕事がはかどらなくなるくらいです。手も動かしてもらわなければ困りますが、会員とコミュニケーションをとることはとてもいいことです。

清掃員にとっても、お客様と楽しく話をしながら仕事ができれば、自分が貢献できていると感じられ、仕事にやりがいを見出すことができるので、スタッフの定着率も高まります。

講師や受付以外のスタッフは、会員と話をしてはいけないと考えがちですが、積極的にコミュニケーションをとるように促すことで、いろいろな相乗効果が生まれる場合もあります。

バスの運転手

安全第一に子供たちを送り迎えすることはもちろんですが、担当ルートから乗る子供の名前を覚え、乗車するときには、「こんにちはー。今日もがんばろうねー」などと声かけをしたり、降りるときには、「さようなら。車に気をつけて帰ってね」と声をかけるようにします。
また保護者が出迎えているときには、保護者にも笑顔でひと言声をかけましょう。

⑬会員が受付に伝えた内容が講師にも届いているか

受付には会員から電話で、次のクラスの欠席や休会、振替えなどの連絡があるので、それらの情報を必ず、担当講師、インストラクターに伝えましょう。そうした連絡が伝わっていないと、会員の信頼を失うことになってしまいます。

受付スタッフが信用されなければ、その連絡は直接、担当の講師にいきます。講師は会員から直接話がくると、他の会員とまんべんなくコミュニケーションをとることができず、偏りができて時間のロスが起こってしまいます。

こうした相互連絡がうまくいっていない場合は、メモを取って、講師に伝えるタイミングなど、仕組みを見直してみましょう。

また、会員からの友人の紹介や要望、クレームも必ず講師に伝えます。不平不満には即対応するのが鉄則ですが、いいことも共有して、会員の方にお礼のフィードバックの仕組みをつくることが大事です。

4 5つの要素③ Q（クオリティ）講座（講師）のクオリティをチェックする

クオリティは主にスクールの品質で、スクールビジネスの根幹となるポイントです。ここではとくに、メイン商品である講座（講師）に注目しましょう。

講座（講師）のクオリティをチェックするポイントは次ページの9項です。

①入会初期のカウンセリングで目標設定を行なっているか

講師が会員に最初に関わるステップは、**会員がどうなりたいのかを把握する**ことです。会員自身が、まだ目標が定まっていないような状態であれば、目標設定のヘルプをします。

適切な目標設定ができるようにカウンセリングし、「これくらいがんばれば、〇〇ができるようになりますし、さらにこれくらいがんばれば、△△までできるようになりますよ」というように段階ごとにイメージを明確にして、「〇〇さんは、どれくらいの段階を目指しますか？」と目標を定めます。

会員がどこに向かっていこうとしているのかを理解すること、そのためのカウンセリングを大事にすることは重要なポイントです。

2-4 講座（講師）のクオリティをチェックするポイント

①入会初期のカウンセリングで目標設定を行なっているか
②講師は会員にとって説得力のある経歴、プロフィールか
③段階的な指導システムが確立されているか
④講師のレベル差が大きすぎないか
⑤会員の上達速度が遅くないか。躓きが多いポイントを把握できているか
⑥定期的に安全管理の研修を行なっているか
⑦定期的に教室の運営を講師以外のスタッフがチェックしているか
⑧定期的に接客・マナー系のスタッフ研修やミーティングを行なっているか
⑨講師、スタッフの人柄はいいか

目標設定は必ず講師が行ないます。その補助として、受付が対応できるようチェックシートをつくっておくのもいいでしょう。

②講師は会員にとって説得力のある経歴、プロフィールか

講師は会員から信頼される必要があるので、背景となる説得力も重要です。講師として教えるキャリアがある人だということが会員に伝わる、信頼してもらえるプロフィールシートを作成しましょう。

さらにプロフィールに、「この先生いいなぁ」「この先生から習いたいな」と思ってもらえるような、パーソナルな部分が要素として入っていると、会員との距離が近づきますし、コミュニケーションをとるきっかけにもなるので、その点も必ず会員に伝えましょう。

③段階的な指導システムが確立されているか

指導システムは、会員がスクールに通う意味を順序立てて設計することが大事です。そのための指標が年間スケジュールであり、目標に近づける講座の設定になっているか、スクール基準を決めたうえで、クラスごとに「1年間でこれくらいのレベルになる」というゴールを設定しなければなりません。

ゴールのイメージができないと、会員はどこに向かって行くのかわからないので、モチベーションが下がってしまいます。年間を通じてカリキュラムが組んであり、それに対して効果測定があることが大事です。

そのうえで講師が段階設定する仕組みができれば理想的です。

例えば、音楽スクールのように、どれくらいできたのか測るのがむずかしい場合は、スクールがある一定のレベルを保つために基準を設定し、「音程がしっかりとれる」「ビブラートができる」など段階の項目をしっかり設定しておき、それをベースに講師が段階設定をします。

④講師のレベル差が大きすぎないか

同じことを教える教室があったとしても、講師によって指導の仕方や質が違うというのは大きな問題です。本来、同一品質であるべきです。

カルチャースクールで違う講師が担当するとしても、その講師のオリジナリティを出しながらも、一定レベルの品質を維持することが重要です。そのためにも③でお伝えした、年間カリキュラムとスクール基準をつくっておくことが大切です。

⑤会員の上達速度が遅くないか。躓きが多いポイントを把握できているか

会員がなかなか上達しない場合、その会員は必ず何か問題を抱えています。指導内容が理解できていないか、練習が足りないか、どちらかのことがほとんどですが、いずれにせよフォローが重要です。

指導内容が理解できていない場合、会員のレベルに合わせて講師が内容を伝えられているかどうかがポイントになります。専門的なスキルが身についている講師は、無意識に専門用語を使っていることがありますが、これには注意が必要です。

私が講師をしていたときには、伝える内容は同じでも、会員の年齢やレベルに合わせて話し方、教え方を変えていました。大人の場合は、「○○を××にするから、△△に効くんですよ」というように、理論立てて話したほうが理解してもらえます。

しかし子供の場合は、理論立てて話してもうまく伝わりません。まずは、私が事例としてやって見せる。そして実際に子供たちにやらせるといったように、体感させることを大事にしていました。

私は今でも「かけっこ先生」として、かけっこが苦手な子供たちを対象に「かけっこ教室」を行なっています。親子かけっこ教室のときには、親に対してと子供に対してでは、話し方と内容を変えています。

親御さんには、足の動かし方、体全体の連動から、速く走れる仕組みにつながる理論的な話を

します。

「膝が上がると後ろに上半身が傾くので、子供たちに対して『足を上げて』という指導はしないでください」「スタートのときに前足に体重がかかっていれば、後ろ足は上げられるはずです。それをチェックしてあげてくださいね」と伝えます。

子供に対しては、「体重を前にかけてスタートすることが大事だよ。前に走るときに体が後ろに反っていたら走れないでしょ。だから前に体重をかけるんだよ」と、子供たちに理解できる言葉で話します。

会員の躓いているポイントをいかに把握するか、そしてそれをピンポイントでわかりやすく伝えることができれば、会員の上達スピードも上がり、クラスのクオリティも上がります。

⑥定期的に安全管理の研修を行なっているか

スクールはたくさんの人が集まる場所です。とくにスポーツ系のスクールでは、備品などでケガが発生することがよくあります。スクールでは常にケガがつきものであることを意識しながら、それを講座の際に声かけができているでしょうか?

講師自ら独自に勉強している人も多くいますが、施設としても心停止が起こったときのためのＡＥＤ（自動体外式除細動器）の講習など、安全管理の研修を定期的に実施し、スタッフ全員に安全管理を徹底しましょう。

あるカルチャースクールのヨガクラスで、こんなことがありました。

ある会員が、ヨガのポーズをとっているときに無理をしたのでしょう。脱臼してしまったのです。脱臼の経験がある方はおわかりになると思いますが、本当に痛いので、突然の会員の悲鳴に、参加していた他の会員はみなびっくりして、教室は一時騒然としました。

そんな中、ヨガ講師は冷静に状況を判断し、「○○さん、大丈夫ですか？　脱臼は無理に入れるとよくないので、ここで固定して病院に行きましょう」と声をかけました。

受付スタッフに状況を説明し、迅速に病院に連絡して、騒ぎになることなく会員の方は帰られた、ということです。

ここで講師がうろたえて、「どうしよう！　どうしよう……」となってしまうと、会員はもっと不安になってしまいます。

これはスポーツ系スクールに限ったことではありません。教室では講師がマスターなので、何かがあったときに、冷静迅速に最適な対応ができるように準備しておくことは、とても大事なポイントです。

⑦定期的に教室の運営を講師以外のスタッフがチェックしているか

講師だけが講座を運営していると、教室の内部で見えなくなってしまう部分が出てきてしまいます。そこで講師以外のスタッフが、客観的にスクールの内容や上達度合、進捗状況をチェック

2-5　上達度合をチェックできる個人カルテ

会員氏名　　　　　　　　入会日：2015.1

教室名　　　　　　　　　担当講師：

年・月	講師コメント	出席	目標・達成度合
2015.1	初月・目標設定を行う。	3/4	○○○○○
2015.2		4/4	●○○○○

できるようにしておかなくてはなりません。

講師は自分自身の教室を一生懸命に担当してくれているとは思いますが、運営状況を客観的に判断することは、なかなかむずかしいものです。

スクール管理者が、会員個人の上達度合や出席具合をしっかりと把握することで、講師へのアドバイスも行なえますし、講師自身もあらためて自分の担当会員のレベルや、今までの講義進捗の経緯を把握することができます。

また、「どのくらい通えばどのくらいのレベルになる」ということを、講師以外のスタッフが把握していると、新規入会を検討している人にも、「大体○ヵ月くらいでみなさん□□ができるようになります」「今、この教室に通われている方は、△△という内容を行なっています」と説明できるので、非常に説得力があります。

私自身、講座を担当しているときは、「他の先生やコーチはどんな教え方をしているのだろうか」「もっとよい言い方や教え方があるのではないか」と常に考えるようにしています。

⑧定期的に接客・マナー系のスタッフ研修やミーティングを行なっているか

受付スタッフ、講師の両方に言えることですが、会員の方への接し方には常に気を配る必要があります。

講師はともすれば会員の方に、上から目線の態度をとる場合があります。また、会員との会話がなれなれしかったり、偉そうな態度をとったりすることは、スクールではよく見かけます。そんなことがないかどうか、常に確認する必要があります。あらためて定期的に、会員に「横柄な言葉遣いをしていないか」「なれなれしい態度をとっていないか」などについてチェックしましょう。

万一、会員からクレームがあった場合は、それをミーティングの議題にとりあげ、会員から不満の声が上がっていることを全員で共有し、それぞれの立場で会員に対してのマナーを顧みる機会を設けましょう。

講師といえども、マナー・接客態度は重要です。おろそかにしてほしくないものです。

過度なマナー・接客姿勢はいりませんが、節度を持った対応をしましょう。これができていない場合は、外部講師などを招き、接客・マナー研修を実施し、スタッフの接客のレベルアップを図りましょう。

一番気をつけたいのは、年上の会員に対しての態度です。講師であっても人としての礼節を欠くような態度は慎まなければなりません。くれぐれも気をつけましょう。

介護施設でご老人に対して、介護スタッフが幼児言葉で接する場面を見かけたことがありますが、気持ちのいいものではありませんでした。

⑨講師、スタッフの人柄はいいか

人柄の判断は、ある意味、その人の素養の部分が大きいので、なかなかむずかしいと思います。しかし、指導の技術が高くて知識が豊富であっても、会員との接し方に問題があったり、暗くてとっつきにくい人柄であれば、基本、私は採用しません。

講師としての適性があるかどうかは、十分に見極める必要があります。面接する場合は、会員目線でいい講師になれるかどうか、それを見据えて採用してほしいと思います。

スクールで会員に教えることはスキルですが、教え方についてはその人の考え方、人柄、あり方が出るので、一番大事なところです。

スクール・講師のクオリティを高水準に保つためには、以上の9つのポイントは押さえておかなくてはなりません。

その他には、会員への観察能力が優れているかどうか、という点も重要なポイントになります。簡単に言えば、会員をよく見て、どこをどのようにすればもっと上達するのか、という観察力に長けているかどうかです。

過去、私が見てきた中で、会員にものすごく人気のあった講師は、みな会員の観察能力に優れていました。

会員にとっては、自分が不足している点を把握することができ、上達するポイントを的確にアドバイスしてもらえれば、上達スピードも速くなるので、「あー、○○先生は私のことをよくわかっていてくれる！」と感じ、好きになるのです。

質の高い講師を育成していくためには、常日頃から会員を観察する力を身につけさせなくてはなりません。そのためには、ミーティングの際に様々な事例を共有することが重要です。

ともすれば各講師は、自分の講座以外の他の教室のことをまったくわかっていない場合があります。教える内容は違っていても、観察するポイントはどの教室でも同じです。**より多くの講師の教室を見て経験を積む**ことが、講師のスキルアップにつながります。

私が以前、関わっていたスクールでは、人気講師・ベテラン講師がいなくなったとたんに会員数が激減してしまった、というところがいくつもあります。講座のクオリティを講師任せにしていると、このような事態になってしまいます。

会員の好評を博するような優秀な講師が講座を担当できるよう、講師育成の体制を整えてクオリ

2-6 評定表サンプル

レベル＿＿＿＿＿＿＿＿＿＿

氏名	セクション	入社年月日 年　月　日

回　数			1回		2回		3回	
評価実施日			月　日		月　日		月　日	
累計勤務時間			H		H		H	
評　定　者			印		印		印	
要　素			A・B・C	点	A・B・C	点	A・B・C	点
人事考課	担当業務はマニュアル・基準等のルールを守ったか	20	20・15・10		20・15・10		20・15・10	
	身だしなみ・言葉遣い・挨拶は正しいか メンバーから支持されているか	20	20・15・10		20・15・10		20・15・10	
	職務規律・上司の指示命令を守っているか	20	20・15・10		20・15・10		20・15・10	
	仕事の遂行に最後まで責任を持っているか **欠講状況　フォロー義務**	20	20・15・10		20・15・10		20・15・10	
	仕事に進んで協力・応援したか **短期参加　代行受諾**	10	10・6・2		10・6・2		10・6・2	
	前向きな姿勢で職務に取り組んだか **社内研修参加状況**	10	10・6・2		10・6・2		10・6・2	

知識テスト結果				
総合評定				
能力要件達成度評価				
昇格試験合否				

2-7 ベーシック指導チェック表 スポーツスクール

所属（　　　　　）氏名（　　　　　　　　　）（男・女）認定日（　　年　　月　　日）

社員区分（　　　　　）社員番号（　　　　　　）認定者（　　　　・　　　　）

NO	項目	チェックポイント	評価	備考
1	表現力	表情は豊かで明るく、元気よく指導しているか	○・△・×	笑顔、声の大きさ、目線
2		年齢に応じた言葉遣いで話せているか	○・△・×	対幼児、学童、保護者に対して
3		保護者に向けてアピールできる指導であるか	○・△・×	1レッスンに対して3回　おもてなし指導
4	指導内容	指導内容の注意点、ポイントを説明しているか	○・△・×	「なぜ？」を解消しているか
5		インストラクターの見本が的確に行なわれているか	○・△・×	効果的に「魅せる」「見せる」を行なっているか
6		補助は、適切に正しく行なわれているか	○・△・×	不必要・不適切な補助はないか
7		個人別に練習種目の修正点を見抜き、アドバイスしているか	○・△・×	全体⇒「個」への意識ができているか
8		ほめる・しつけ・教育ができているか	○・△・×	モチベーション創りのため取り入れているか
9		参加者はスムーズに流れているか	○・△・×	練習種目の回数は基準を満たしているか
10		練習メニューの順番は適切であるか	○・△・×	適切な段階的指導になっているか
11	安全面	死角のない身体の位置、向きで全体に目を配っているか	○・△・×	自クラス・他クラス配置　後方確認3秒に1度
12		参加者の人数確認（体調確認）は確実にできているか	○・△・×	随時　サブコーチチェック
13		ルール・マナーが徹底されているか	○・△・×	「怒る」⇒「叱る」　怖い⇒厳しい
14		セッティング・使用備品に危険がないかチェックしているか	○・△・×	随時　サブコーチチェック
15	全体的	全員の名前を呼んでいるか	○・△・×	随時
16		すべての参加者は楽しそうか	○・△・×	参加者・保護者からの支持を得ているか
17		全体の時間配分が適切に行なわれているか	○・△・×	随時
18		一方通行ではなく、参加者とコミュニケーションがとれているか	○・△・×	コーチングできているか
19		指導マニュアルに沿った、適切な指導が行なわれているか	○・△・×	随時
20		参加者からインストラクターとして認められる雰囲気で行なえたか	○・△・×	参加者・保護者からの支持を得ているか
		認定結果	合格・不合格	

3段階評価基準	基準
○……よくできる △……できている ×……できていない	×がある場合は不合格　再研修が必要 △が2つ以内で昇給

※『△…できている』を基本の合格レベルとする。しかし、今後も技術の向上を目指すこと

NO	項目	チェックポイント	評価	備考
1	その他総合	身だしなみ・言葉遣い・挨拶は正しくできているか	○・△・×	
2		職場規律・上司の指示命令を守っているか	○・△・×	
3		欠講・代行状況	○・△・×	
4		短期・イベント教室参加　代行受諾	○・△・×	やむを得ない事由、規定に沿った事前申請
5		社内研修参加状況	○・△・×	それ以外は基本的にNG　△扱い

3段階評価基準	基準
○……よくできる △……できている ×……できていない	×がある場合は不合格　再研修が必要 △が1つ以内で昇給

※『△…できている』を基本の合格レベルとする。しかし、今後も技術の向上を目指すこと

ティ・チェックを怠らないようにしてください。

クオリティのチェックリストをさらに細分化して、講師のチェックをしているスポーツクラブもあります。前ページ2つのチェック表は、私のクライアント先のスポーツスクールで活用しているものです。

講師の表現力から全体的なところまで、いろいろな角度からチェックし、講師のクオリティを維持することに努めています。

5

5つの要素④

C(クレンリネス) 会員から好感を持たれるスクール施設

クレンリネスとは清潔感です。館内、スタッフの清潔感は顧客満足度に大きく影響します。過去、学習塾での退会者に対して本当の退会理由を聞いたところ、「トイレが汚くて子供が嫌がっているから」と言われたことがありました。また、あるカルチャーセンターでは、「講師の体臭が気になって教室に通いたくない」「講師のつめが汚くて、配布資料などを受け取るときにゾッとする」という理由もありました。

退会者のアンケートでは、本当の退会理由はほとんど記入してもらえないのですが、おそらく多くのケースで同じような理由が考えられるでしょう。

施設の清潔感と講師やスタッフの清潔感、身だしなみには十分に注意しましょう。

ここでひとつ、勘違いしてほしくないことがあります。それは、「古い」と「汚い」は別だということです。当然、新しい施設、備品であることは顧客満足度を上げるのですが、施設、備品を毎年リニューアルしたり、買い替えることはできないので、徐々に古い施設、備品になっていきます。これは致し方ないことです。

しかし新しいことよりも大事なのは、いかに手入れが施されているかということです。

2-8 スクール施設チェックリスト

	①シャワー室の清潔さ（カビ、アメニティ、ぬめり、排水溝、シャワーカーテン）
	②ロッカーの使いやすさ（スペース、シューズ入れは別途あるか、セキュリティ）
	③お風呂（カビ、ぬめり、鏡、シャワー、排水溝）
	④プール（照明、コケ、床すべり、コースロープ破損、塗装はがれ、プールサイドの広さ、水質透明度、塩素）
	⑤スタジオ（照明、音響、床すべり、鏡、広さ、におい、空調）
	⑥ロビー（椅子、ソファなどの数と清潔さ、最大受講人数の8割程度が座れる（集まれる）数がある）
	⑦受付（背後の事務所などが乱雑に見えていないか、スタッフが立ったとき、お客様目線より低い位置になっているか）
	⑧壁、天井（照明を減らしすぎていないか、しみや汚れ、ピン穴などないか）
	⑨廊下（ごみ、糸くず、ほこり、すれ違える広さ）
	⑩スタッフの制服（汚れ、しわ、きちんと着用できているか、身だしなみ、におい）
	⑪教室、机の広さ、ホワイトボード、黒板、スクリーンなどの汚れ
	⑫レンタル用品、使用備品の清潔さ

備品が破損して使用するのに不具合がある場合はともかくとして、古い備品でも手入れが行き届いていれば問題はありません。

古い施設でもしっかりと清掃がされていれば会員に不快感を与えることはないので、上のチェックリストを活用し、会員に気持ちよく利用してもらえる施設を目指しましょう。

施設についてスクールスタッフと会員とでは目線が違うので、気づくことができないことがよくあります。

あるカルチャースクールで運動系講座を担当したときのことです。私は次の予定が入っていたので、シャワーを借りました。おそらくカルチャースクールの場合は、シャワー室を利用する人はほとんどいないのでしょう。掃除が行き届いておらず、髪の毛や、汚れが残っていたのです。教室は手入れが行き届いていたのに、大変残念でした。

普段使っていないからといって手を抜くことなく、人が触れるところはすべて掃除を徹底し、施設の清潔感を保ち、会員に気持ちよく利用してもらいましょう。

6 5つの要素⑤ A（アトモスフィア）会員が通いたくなる雰囲気とは

アトモスフィアとは雰囲気です。雰囲気は様々な要因が影響してくる重要なポイントです。とくに次ページ表のことが影響します。

①入口がわかりやすいか

駐車場がある場所がわかりにくかったり、駐車場から入口への案内表示がなかったりすると、施設の入口がわからない場合があります。スクールは開かれている施設であるべきなので、入口はひと目でわかることが重要です。

また、入りにくい雰囲気をなくすことも重要です。入口からフロントが見えなかったり、すりガラスで中の様子が見えない施設がありますが、これは新規の見込客、会員、運営側すべてにとってデメリットになるだけです。

会員にとっては、入口からフロントスタッフが見えなければ、施設に入る時点で、「あれ？今日はお休みかな？」「質問したいことがあるのに誰もいない……」など、少なからず不安を持ち、いい印象を抱かないでしょう。

2-9 通いたくなるアトモスフィアのポイント

①入口がわかりやすいか
②駐車スペースが確保されているか
③館内案内がわかりやすく表示されているか
④外観が何の施設かわかりやすいデザインか、看板がわかりやすく設置してあるか
⑤更衣室でのパーソナルスペースが確保できているか
⑥会員のマナーがしっかりしているか
⑦スタッフと常連会員がなれなれしすぎないか
⑧立地条件として周囲が夜間暗すぎたり、治安に問題はないか 周囲の店舗やオフィス、住宅にマッチしているか
⑨スタッフは明るく笑顔で応対しているか

また見込客の場合は、入会を検討して来てくれていても、中の様子がわからなかったり、受付スタッフが見当たらなければ、「ま、今日はいいや」と立ち寄ろうとはしません。

これからスクールに入ろうと思っている人は、この時点でスクールの最初の印象が決まってしまうのです。またの機会に来てくれればいいのですが、そんな人はほんのわずかです。

受付スタッフにとっても、お客様の顔が見えなければコミュニケーションをとりづらいでしょう。入口が視界に入っていないので、手元で作業をしている場合は、来館した人が誰なのか気づかない場合があるかもしれません。

会員が来館したときに、目線がカウンターにさえぎられてしまうのも問題があるでしょう。今すぐ対策を考えましょう。

②駐車スペースが確保されているか

駐車場がある場合は、駐車場の車幅間隔を見直しましょう。施設によっては車幅間隔が狭すぎる場合があります。また立体駐車場の場合は、すれ違いがギリギリで危なく、事故を招く危険性があることもあります。

台数を確保したいと思う気持ちはわかりますが、駐車場に車を止めにくいのは会員にとってストレスの要因になって、それが退会の原因になるかもしれません。できれば見直すことをお勧めします。

もし十分な駐車スペースの確保が無理な場合は、少し離れたところに駐車場を設けたり、コインパーキングと提携し、会員にストレスなく通ってもらえるように配慮しましょう。

③館内案内がわかりやすく表示されているか

まず施設に入ったら、どこに何があるのか、館内案内図やそれぞれの部屋を示す案内板を取りつけて、ひと目で館内の配置がわかるようにしておくことが重要です。

また館内は明るく清潔な雰囲気を保つようにしましょう。あまりお金をかけずに印象をよくすることも十分に可能です。

例えば、「施設内の各所に観葉植物や花を飾る」「照明が切れていないか、切れかかっていないかをチェックし、新しいものにつけ替える」「壁のひび割れを補修する」などです。

また、書類や備品が会員の見えるところに出ていると、煩雑な印象を与えてしまいます。必要最低限のもの以外は収納することで、きれいに整った清潔感のある雰囲気にできます。

どれも費用をそれほどかけずにやれることばかりです。すぐにチェックしてみましょう。

④外観が何の施設かわかりやすいデザインか、看板がわかりやすく設置してあるか

まず、何の建物かわからない施設では話になりません。外観のデザインと、スクールの内容が一致していて、遠くからでもひと目で何の施設か認識できることがベストでしょう。

外観のデザインをやり直すとなると、かなりの費用が発生してしまうでしょうから、その際は看板を工夫しましょう。通りかかる人にしっかりと施設のウリが伝わるデザインにすることが重要です。

⑤更衣室でのパーソナルスペースが確保できているか

更衣室が狭いと窮屈な感じが強調されて、会員はスクールで着替えをすることにストレスを感じます。レイアウトを変えて、ロッカースペースと着替えるスペースを別にするなどして、少しでも会員のパーソナルスペースに余裕ができるように見直しましょう。

あるいは、ひとクラスの人数を見直すという方法もあるでしょう。

更衣室スペースが人でぎゅうぎゅう詰めになってしまわないよう、順番に使ってもらうなどのコントロールも必要です。

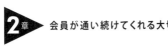

⑥会員のマナーがしっかりしているか

当然、そこに通う会員のマナーは施設の雰囲気を大きく左右します。「周りの会員さんもみんないい人ばかりだから……」という感情は、その施設に長く通う価値にもつながってきます。

会員のマナーをコントロールすることは簡単ではありません。しかし、これは紛れもなくスタッフの役割なのです。

例えば、会員同士が施設内ですれ違う際に挨拶をかわしている施設は、とてもいい雰囲気です。私の経験上、そういった雰囲気の施設では、ルール違反をする人やマナーが悪い人はほとんどいません。そのためにスタッフは、会員に対して普段から気持ちのいい挨拶を心がける必要があるのです。

また、施設の整理整頓、美化が行き届いている施設では、同様に会員の雰囲気もいい傾向にあります。

「軽微な犯罪を見逃さなければ重大な犯罪も抑止できる」という、アメリカの犯罪学者ジョージ・ケリングの「割れ窓理論」にも近いところがあるのですが、きれいで整備されている場所は、汚したり乱暴に扱ったりしにくいのです。

施設や備品を大切に扱うと会員にも施設に対する愛着が生まれ、会員の継続率が向上します。

⑦スタッフと常連会員がなれなれしすぎないか

この項目が一番、施設の重要な雰囲気をつくっている、と言ってもいいでしょう。

常連会員とスタッフの仲がいいのはいいことですが、入会して間もない会員がそれを見たときに、「あっ、私と対応が違う……」と感じてしまうと、新入会員と講師やスタッフとの間に壁ができてしまいます。

ある特定の会員にだけなれなれしい対応をすることは、避けなければなりません。仲がいいのは大変いいことで、お互いに信頼関係が築けている証拠です。その会員がスタッフを気に入ってくれているのはいいのですが、講師が特定の会員に対し、特別あつかいしているような印象を他の会員に抱かせるのはよくありません。

なれなれしいのは講師と会員という関係の一線を越えています。他の会員から見て気持ちのいいものではありませんし、いい雰囲気をつくるようには作用しません。「節度を持って親しくしている」という関係をつくりましょう。

男女間の場合は、とくに注意が必要です。あらぬ噂を立てられては、スタッフだけでなく、スクールとしてもデメリットしかありません。

スクールの商圏は施設のある地域です。節度を持って会員と接しないと、評判はよくも悪くもすぐに伝わります。くれぐれも気をつけてください。

⑧立地条件として周囲が夜間暗すぎたり、治安に問題はないか。周囲の店舗やオフィス、住宅にマッチしているか

立地についてはどうしようもない部分もありますが、スクールの周囲の環境や治安が悪いところには通いたくないものです。例えば、スクールの内容が周辺地域と合っていない場合は、会員の心理としては、そのスクールには通いにくいと感じます。

今経営しているスクールがこれに当てはまっている場合は、不利な状況を別の項目でカバーするようにしましょう。

今後スクールビジネスを検討している人は、この点を考慮しながら立地を考えてください。

⑨スタッフは明るく笑顔で応対しているか

いきいきと元気な講師やコーチ、明るく笑顔で応対してくれる受付スタッフは、施設内を明るい雰囲気にします。スタッフの応対は会員が通い続けてくれるための必要な要素S（サービス）にも関わってくるので、高い意識を持ちましょう。

アトモスフィアにもいい影響を及ぼします。

7 会員の顧客満足度を高める方程式

▼既存会員にアンケートをとる

これまで述べてきたSQCAは掛け算なので、サービス（S）、クオリティ（Q）、クレンリネス（C）、アトモスフィア（A）のどれかひとつでも満足度を満たさない要因があると、会員は大きな満足を得ることができません。

まずは2-10のPSQCA方程式で、あなたのスクールを見直してください。

とは言っても、自分で自分のスクールや施設を客観的に評価するのはなかなかむずかしいものです。一番手っ取り早く効果的なのは、既存会員へのアンケート調査です。無記名方式にすればより会員の本音を引き出すことができるでしょう。

アンケートではSQCAを5段階評価で採点してもらいましょう。例えば、会費に関しては、「高い、やや高い、普通、やや安い、安い」といった評価項目を用意して、いずれかに◯をつけてもらいます。

2-10 顧客満足度を測る方程式

$$\frac{[\text{顧客満足度}]}{\text{価値}} = \frac{\frac{\text{S×Q×C×A}}{[\text{充実度}]}}{\frac{[\text{期待度}]}{\text{P（プライス）}}}$$

▼アンケート結果の読み方

私は、クライアントにアンケートを積極的に実施するように指導していますが、いろいろなところのアンケート用紙を見てみると、多くの場合、「普通」という項目があります。

ところで、あなたがアンケートで「普通」にチェックするときは、はたしてその店、施設に対してどの程度満足しているときでしょうか？

そうです。「普通」は満足している状態とは言えないのです。おそらく、よくもなく悪くもない。そんな場合に、何となく「普通」を選んでチェックするのではないでしょうか。

既存会員へのアンケートで、**「普通」や「やや不満」「不満」といった結果が出た場合は、その会員はいつでもやめる可能性がある**会員なのです。近くに新しいスクールができたり、安い代替サービスがあれば、即そちらに流れてしまうでしょう。

「ちょっと会費が高いけど、ここしかないから」「講師はいまいちだけど、一番通いやすいから」と思って続けている会員がいるので、そんな会員の流出を防ぐためにもアンケートは大変効果的です。

しかし、アンケートは無記名とはいえ、なかなか正直に答えてくれない

2-11 既存会員へのアンケート例

会員の皆様　アンケートにご協力ください

いつも○○スクールをご利用いただき、ありがとうございます。会員の皆様に対するサービス向上のためにぜひ皆様のご意見をお聞かせくださいませ。

皆様からのご意見をもとに、より会員の皆様に快適にご利用いただき、満足していただけるスクールになるよう努めてまいります。ぜひともよろしくお願いいたします。

・お客様への対応はいかがでしょうか？
〔非常に満足　　満足　　普通　　やや不満　　不満〕

・受付の対応はいかがでしょうか？
〔非常に満足　　満足　　普通　　やや不満　　不満〕

・電話対応についていかがでしょうか？
〔非常に満足　　満足　　普通　　やや不満　　不満〕

・教室講師の対応はいかがでしょうか？
〔非常に満足　　満足　　普通　　やや不満　　不満〕

・教室の雰囲気はいかがでしょうか？
〔非常に満足　　満足　　普通　　やや不満　　不満〕

・施設、設備についていかがでしょうか？
〔非常に満足　　満足　　普通　　やや不満　　不満〕

・会費についていかがでしょうか？
〔非常に満足　　満足　　普通　　やや不満　　不満〕

・その他
やや不満、不満　とお答えいただいた項目について、差し支えなければ詳しくお聞かせください。

また、ご要望などがございましたらご記入いただければ幸いです。

○○スクール　担当□□

2-12 「顧客満足度」を上げることが継続につながる

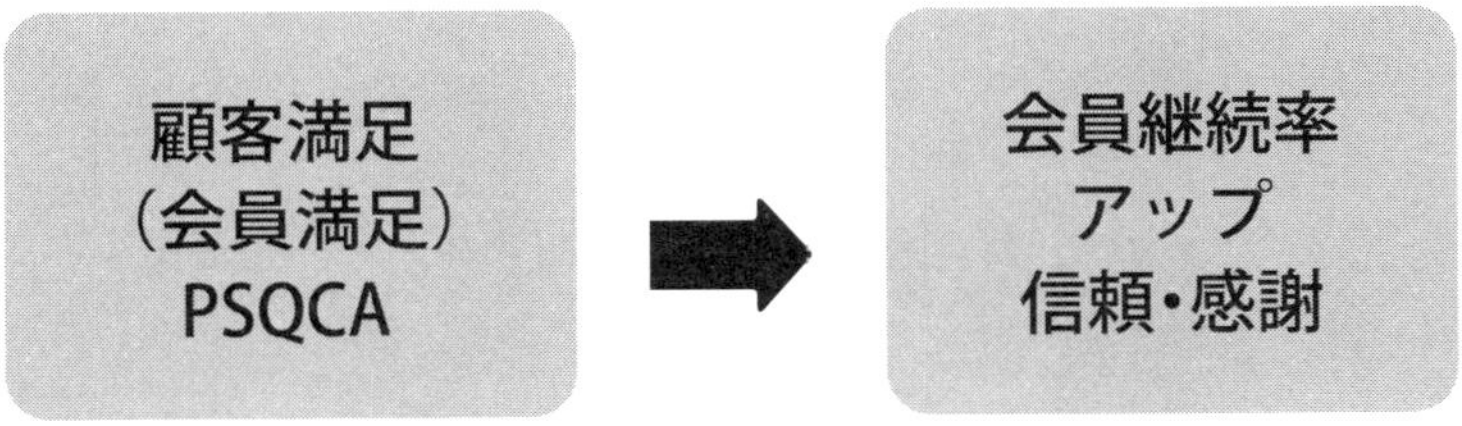

ものです。苦情に関する研究では、不満を持ったら、**70%の人は何も言わずにサービスを受けることをやめる**というデータもあります。

だからこそ正直に答えてくれたアンケート結果は真摯に受け止め、正面から向き合いましょう。

「普通」以下の項目には何かしらの問題点が潜んでいるので、改善可能な点があるはずなのです。もし、あなたのスクールでまだアンケートを実施していないのであれば、すぐに実践することをお勧めします。

▼会員目線でスクールを見直す

近隣に競合施設があれば、ＰＳＱＣＡをそれぞれ比較することもできるでしょう。競合施設に勝っている要素、負けている要素をできるだけ客観的に洗い出しましょう。

会員目線でスクールを見直すことで、今まで気がつかなかったことが見つかるかもしれません。

そこで問題点が見つかったとしても、すぐに改善できるものばかりではないこともあります。例えば、施設そのものが老朽化している場合や、使用器具が最新のものではないといった場合です。

こういったケースでは、単純にお金をかけるのかどうか、そのための財源はあるのか、といった話になってしまいます。

本書では、こうした「お金をかければ解決できる問題」はあつかいません。お金をかけなくても、工夫しだいで「会員をやめさせない仕掛け」を施すことができるのです。

脳は使っても使いすぎることはありません。会員の満足度をいかにして高め、維持していくか。そのためにできることを、頭を使って考えることです。

▼「計算された」やめさせない仕掛け

スクールビジネスではほとんどの場合、会員が毎月数回は施設を利用するために訪れます。ここが他のビジネスとは大きく異なるところです。

多くのビジネス形態では、毎月決まった曜日や時間に、同じお客様が来店するということは珍しいのではないでしょうか。

あなた自身はどうでしょうか。「毎月同じ店に必ず通う」と決めている店はそう多くはないはずです。ここがスクールビジネスの特徴で、**「どの曜日のどの時間帯に誰が来るのか」が予測できる**という利点があります。

スクールの運営側としては、ターゲットが明確なため、やめさせない仕掛けを「計算して仕掛ける」ことが可能なのです。

また、どんな商売においても、コミュニティをつくり、顧客を囲い込むことは重要ですが、ことスクールビジネスでは、最初からある程度のコミュニティができています。これは大変大きなメリットです。

ここにやめさせない仕掛けをすることで、コミュニティとしての結束力がぐんぐん上がり、さらに会員がやめない安定したスクールへと変化していきます。

私の経験上、スクール運営側が「計算して」やめさせないための「仕掛け」を施すことができれば、必ずと言っていいほど効果が上がります。

次の章から具体的に会員をやめさせないための仕掛けを紹介していきましょう。

3章

会員をやめさせないための仕掛け

1 仕掛け① コミュニケーションの質と量＝顧客ロイヤルティを上げる「ひと言」

▼「私のことを覚えてくれている」

会員の忠誠心に関して言えば、施設の設備や新しさなどはほぼ関係がありません。それよりも、会員とスクールスタッフのコミュニケーションのほうが、よほど重要と言えます。これは何もスクールビジネスに限ったことではありません。

私は東京に出張する際、理由があってここ何年もずっと同じホテルに泊まっています。このホテルは決して設備がいいわけでも、新しいわけでもありません。いたって普通のビジネスホテルです。

あるとき、私の顧客満足度を上げるこんな出来事がありました。

私はセミナーなどの仕事が多いため、出張時には常にスーツを何着か持ち歩いています。偶然このホテルに泊まったとき、部屋に置いてあるハンガーが少ないので、「もう少し持ってきてください」とフロントにお願いしたことがありました。すると、その後、私が予約を入れて泊まるときはいつも、最初からハンガーの数を増やしてくれるようになったのです。

私はとてもうれしく感じましたし、「私のことを覚えてくれている」という理由で、私はこのホテルを利用し続けています。

▼たわいもない情報に価値がある

これは、接客業なら当たり前のサービスかもしれません。スクールビジネス、ひいては商売全般においても同じことだと思います。

会員の情報をきちんと覚えておいて、次に会ったときに、**以前に聞いた会員の情報を何でもいいから口に出す**だけでいいのです。それだけで会員は、「このスクールは私のことを覚えてくれている」「私のことを大事に思ってくれている」と感じ、顧客ロイヤルティが上がるのです。

スクールビジネスも飲食業やサービス業と同じです。**会員のことをどれだけ考えているか**、これがお金をかけなくても顧客ロイヤルティを上げるポイントなのです。

そして、スクールスタッフと会員とのコミュニケーションの量が増えれば増えるほど、会員の顧客満足度は上がるのです。

私はクライアントのスタッフ研修などで、会員とのコミュニケーションがしっかりとれているかチェックする際に、「会員の情報をどれだけ知っているか」に重点を置いています。

ここで言う「情報」とは、「趣味」「家族構成」「ペットのこと」や「どこの美容院に通っているか」「最近買ったものは何か」「どこに旅行に行ったか」など、たわいもない情報です。しかし、そのたわいもない情報こそが質のよいコミュニケーションを生むのです。

スクールとはぜんぜん関係のない情報でも、それをスタッフが覚えていることで、会員は「私の、そんなことまで覚えてくれている」という気持ちになるのです。

そこでたわいもない情報を得るためのコミュニケーションの量が大切になってきます。

▼情報を知らない会員の情報を集める

顧客満足度の高い会員は、全スタッフがその会員についての情報をよく知っています。しかし新しい会員のことは、知らないスタッフがほとんどです。会員の顔と名前が一致しないスタッフも多くいます。

まずは、顧客満足度を上げていくために、スタッフに会員の**たわいもない情報を集めることを意識させましょう。**

スタッフが積極的に情報を得ようとすると、自然とコミュニケーションが増えていきます。その結果、会員との距離が縮まり、どんどんコミュニケーション量が増えていき、それが好循環を生みます。ただし、注意点があります。

すでに顧客満足度の高い会員に対しては話がしやすいこともあり、スタッフはどうしてもそうした会員とばかりコミュニケーションをとってしまいがちです。しかし、情報を知らない会員に対してこそ、積極的にコミュニケーションをとるように心がけさせなくてはならないのです。

2 仕掛け② 目標の明確化と再認識＝会員のビジョンを共有する

▼「なぜ習い事を始めたのか」というビジョン

会員が習い事を始める際には、何らかの目的があるはずです。私は、会員の「こうなりたい！」という目的や目標のことを「ビジョン」と呼んでいます。

会員は、必ずと言っていいほどビジョンを持って習い事を始めますが、しばらくすると、入会当初のビジョンが変わってしまったり、忘れてしまったりするものです。

ビジョンを意識させることは、会員がスクールを継続するためにとても重要です。スクールスタッフは、常に会員にビジョンを意識させ、万一、会員のビジョンが変わったときには、新たなビジョンを明確化させましょう。

忘れてしまいがちなビジョンを再認識させてあげることが大事なのです。

多くのスクールでは、会員が入会する際、「入会の目的」を確認しています。

この情報は入会当初は活用するものの、ある程度の期間を過ぎると、活用しなくなってしまうのではないでしょうか。

スタッフは会員とコミュニケーションをとる際に、**意識的にビジョンをときどき確認する**こと

3-1　会員に本来の目的に立ち返らせる

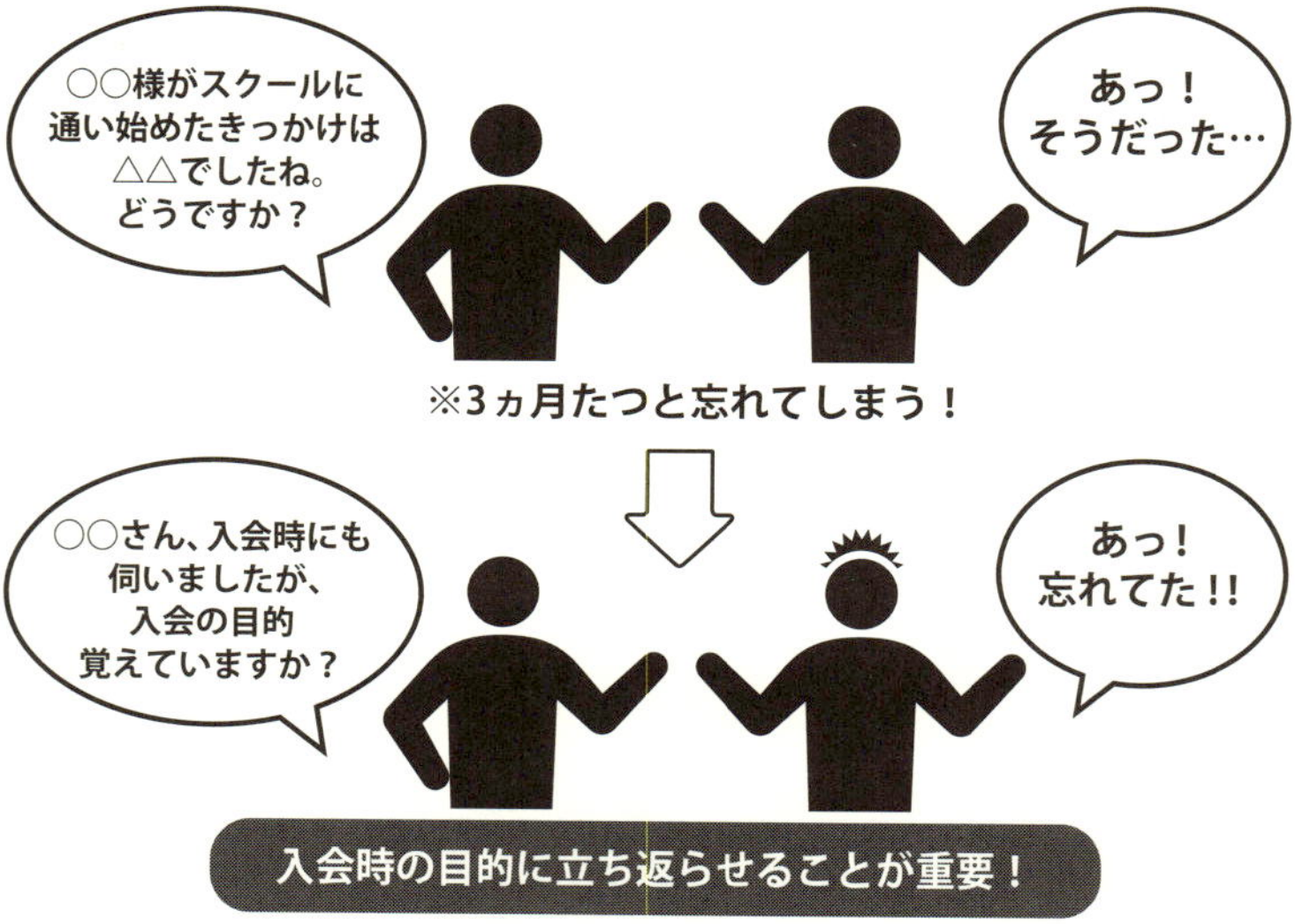

が大切です。

「○○様がスクールに通うきっかけは△△でしたね」と声をかけていきましょう。そして入会3ヵ月程度の段階で、カウンセリングや簡単な面談の機会を設けましょう。

面談の際に、

「○○様の入会の目的は△△でしたね。当時から3ヵ月たちましたが、どうですか、変わりありませんか？」

「入会時にも伺っていますが、○○様がスクールに通っている目的を再確認させてください」

といったような確認が自然にできるようになります。

▼サポーターとして会員を見守る

このようにビジョンを明確にしたり、再認

識させることは、会員の「続けたい」という気持ちを支えるだけでなく、「私たちは、あなたの目標のサポートをしっかりとさせていただく準備ができていますよ」というアピールにもなり、とても有効です。

できるだけ多くのスタッフが、その会員のビジョンを共有することができれば、スクールにそれだけ多くのサポーターがいることになり、会員にとってはビジョンが鮮明になって、やめられない仕掛けとなります。

とくに通い始めて1年以内の会員を中心に、ビジョンの明確化と再認識してもらうことで、やめにくい会員になっていただけるように心がけましょう。

3 仕掛け③ スクールのクオリティアップ＝会員目線で講座を客観視する

▼「個人カルテ」と「年間スケジュール」の作成

2章でもお伝えしたとおり、スクールのクオリティはクラスを担当する講師の力量がもっとも重要なのですが、スクール全体のカリキュラムのクオリティが高く、上達するような内容になっていなければ会員は通い続けてくれません。

そのためには、例えば次に紹介するような「年間スケジュール表」「個人カルテ」「スクール指導報告書」をつくり、講師以外の人が客観視できるシステムを構築して、モニタリングすることが必要です。

3-2は、体操教室の「年間スケジュール表」の例です。レベルによって3クラスに分けて、月、週ごとに何を行なうかを示しています。そして3ヵ月に1回、進級テストを実施するということを年間スケジュールとして決めておくわけです。

こうしたことを決めておくと、いつ、どんな内容をやるのかがひと目でわかるので、会員の意識も上がります。「5月の1週目は鉄棒だから休んじゃだめだわ！」というのが事前に把握できるのは大変重要です。

3-2 体操教室の年間スケジュール表の例

		1クラス		2クラス		3クラス		
4月	1週目	跳び箱	鉄棒	マット	ボール	鉄棒	T・P	
	2週目	鉄棒	T・P	跳び箱	鉄棒	マット	ボール	
	3週目	マット	ボール	鉄棒	T・P	跳び箱	鉄棒	
	4週目	跳び箱	T・P	マット	跳び箱	鉄棒	マット	
5月	1週目	鉄棒	T・P	跳び箱	マット	マット	なわとび	
	2週目	マット	なわとび	鉄棒	T・P	跳び箱	マット	
	3週目	跳び箱	マット	マット	なわとび	鉄棒	T・P	
	4週目	鉄棒	T・P	跳び箱	マット	マット	跳び箱	
6月	1週目	マット	鉄棒	鉄棒	T・P	跳び箱	ボール	
	2週目	跳び箱	ボール	マット	鉄棒	鉄棒	T・P	
	3週目	鉄棒	T・P	跳び箱	ボール	マット	鉄棒	進級テスト
	4週目	マット	跳び箱	鉄棒	マット	跳び箱	T・P	進級テスト
7月	1週目	跳び箱	縄跳び	マット	T・P	鉄棒	跳び箱	
	2週目	鉄棒	跳び箱	跳び箱	なわとび	マット	T・P	
	3週目	マット	T・P	鉄棒	跳び箱	跳び箱	なわとび	
	4週目	跳び箱	鉄棒	マット	跳び箱	鉄棒	マット	
8月	1週目	鉄棒	ボール	跳び箱	鉄棒	マット	T・P	
	2週目	マット	T・P	鉄棒	ボール	跳び箱	鉄棒	
	3週目	跳び箱	鉄棒	マット	T・P	鉄棒	ボール	
	4週目	鉄棒	マット	跳び箱	T・P	マット	跳び箱	
9月	1週目	マット	T・P	鉄棒	なわとび	跳び箱	マット	
	2週目	跳び箱	マット	マット	T・P	鉄棒	なわとび	
	3週目	鉄棒	なわとび	跳び箱	マット	マット	T・P	進級テスト
	4週目	マット	跳び箱	鉄棒	T・P	跳び箱	鉄棒	進級テスト
10月	1週目	跳び箱	鉄棒	マット	ボール	鉄棒	T・P	
	2週目	鉄棒	T・P	跳び箱	鉄棒	マット	ボール	
	3週目	マット	ボール	鉄棒	T・P	跳び箱	鉄棒	
	4週目	跳び箱	T・P	マット	跳び箱	鉄棒	マット	
11月	1週目	鉄棒	T・P	跳び箱	マット	マット	なわとび	
	2週目	マット	なわとび	鉄棒	T・P	跳び箱	マット	
	3週目	跳び箱	マット	マット	なわとび	鉄棒	T・P	
	4週目	鉄棒	マット	跳び箱	鉄棒	マット	跳び箱	
12月	1週目	マット	ボール	鉄棒	T・P	跳び箱	鉄棒	
	2週目	跳び箱	鉄棒	マット	ボール	鉄棒	T・P	
	3週目	鉄棒	T・P	跳び箱	鉄棒	マット	ボール	進級テスト
	4週目	マット	跳び箱	鉄棒	マット	跳び箱	鉄棒	進級テスト
1月	1週目	跳び箱	なわとび	マット	T・P	鉄棒	跳び箱	
	2週目	鉄棒	跳び箱	跳び箱	なわとび	マット	T・P	
	3週目	マット	T・P	鉄棒	跳び箱	跳び箱	なわとび	
	4週目	跳び箱	鉄棒	マット	跳び箱	鉄棒	マット	
2月	1週目	鉄棒	ボール	跳び箱	鉄棒	マット	T・P	
	2週目	マット	T・P	鉄棒	ボール	跳び箱	鉄棒	
	3週目	跳び箱	鉄棒	マット	T・P	鉄棒	ボール	
	4週目	鉄棒	マット	跳び箱	T・P	マット	跳び箱	
3月	1週目	マット	T・P	鉄棒	なわとび	跳び箱	マット	
	2週目	跳び箱	マット	マット	T・P	鉄棒	なわとび	
	3週目	鉄棒	なわとび	跳び箱	マット	マット	T・P	進級テスト
	4週目	マット	跳び箱	鉄棒	T・P	跳び箱	鉄棒	進級テスト

3-3 個人カルテの例

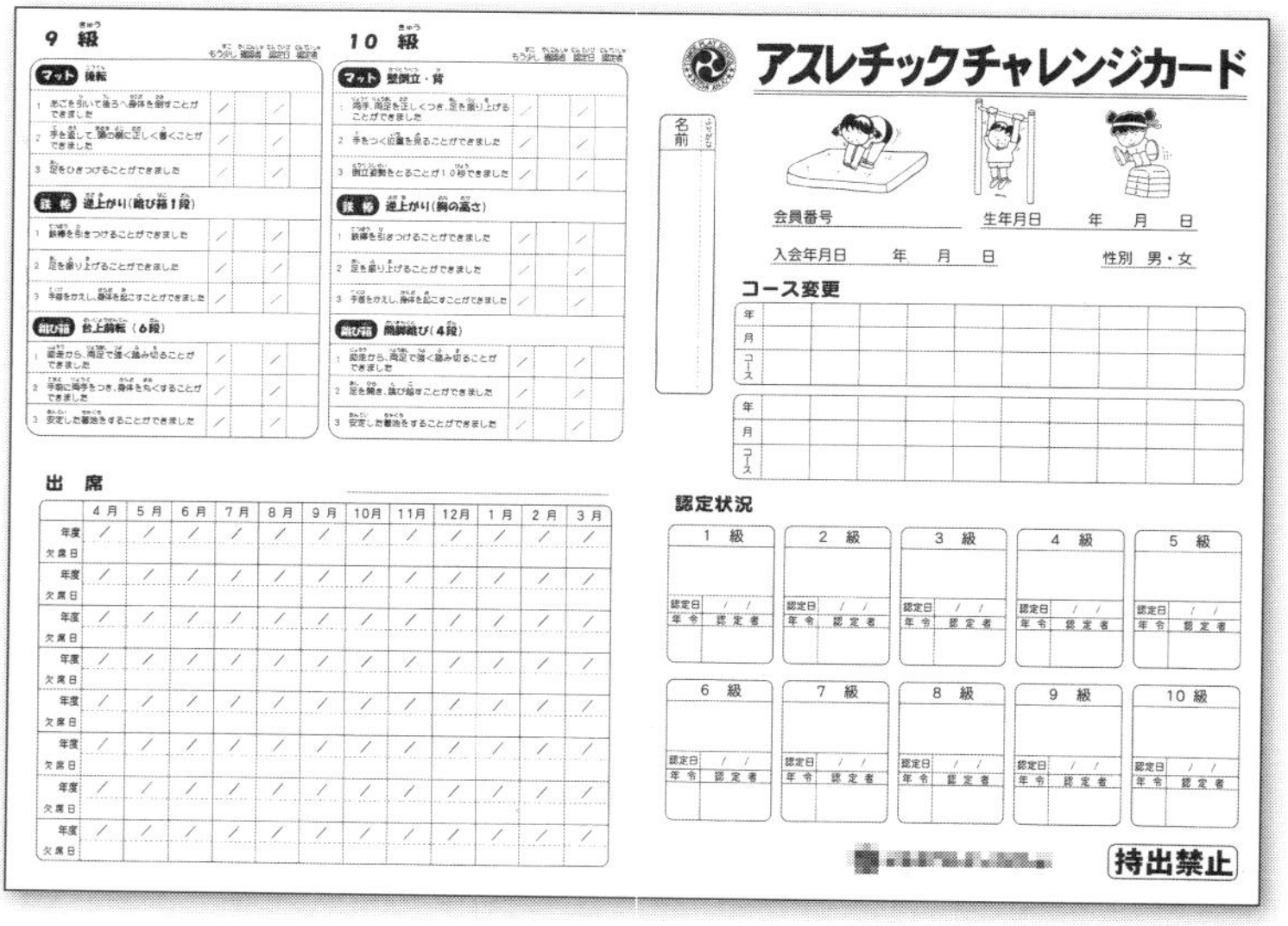

9級　　もう少し　補助者　認定日　認定者

マット　後転
1 あごを引いて後ろへ身体を倒すことができました
2 手を返して、頭の横に正しく着くことができました
3 足をひきつけることができました

鉄棒　逆上がり（跳び箱1段）
1 鉄棒を引きつけることができました
2 足を振り上げることができました
3 手首をかえし、身体を起こすことができました

跳び箱　台上前転（6段）
1 助走から、両足で強く踏み切ることができました
2 手前に両手をつき、身体を丸くすることができました
3 安定した着地をすることができました

10級　　もう少し　補助者　認定日　認定者

マット　壁倒立・背
1 両手、両足を正しくつき、足を振り上げることができました
2 手をつく位置を見ることができました
3 倒立姿勢をとることが10秒できました

鉄棒　逆上がり（胸の高さ）
1 鉄棒を引きつけることができました
2 足を振り上げることができました
3 手首をかえし、身体を起こすことができました

跳び箱　開脚跳び（4段）
1 助走から、両足で強く踏み切ることができました
2 足を開き、跳び越すことができました
3 安定した着地をすることができました

出席

	4月	5月	6月	7月	8月	9月	10月	11月	12月	1月	2月	3月
年度	/	/	/	/	/	/	/	/	/	/	/	/
欠席日												
年度	/	/	/	/	/	/	/	/	/	/	/	/
欠席日												
年度	/	/	/	/	/	/	/	/	/	/	/	/
欠席日												
年度	/	/	/	/	/	/	/	/	/	/	/	/
欠席日												
年度	/	/	/	/	/	/	/	/	/	/	/	/
欠席日												
年度	/	/	/	/	/	/	/	/	/	/	/	/
欠席日												
年度	/	/	/	/	/	/	/	/	/	/	/	/
欠席日												
年度	/	/	/	/	/	/	/	/	/	/	/	/
欠席日												

アスレチックチャレンジカード

名前　フリガナ

会員番号　　生年月日　年　月　日

入会年月日　年　月　日　　性別　男・女

コース変更

年											
月											
コース											

年											
月											
コース											

認定状況

1級	2級	3級	4級	5級
認定日　/　/	認定日　/　/	認定日　/　/	認定日　/　/	認定日　/　/
年令　認定者	年令　認定者	年令　認定者	年令　認定者	年令　認定者

6級	7級	8級	9級	10級
認定日　/　/	認定日　/　/	認定日　/　/	認定日　/　/	認定日　/　/
年令　認定者	年令　認定者	年令　認定者	年令　認定者	年令　認定者

持出禁止

また体験クラスに参加したときにも、この表があると、それがもとで入会時期が早くなる場合もあるのです。例えば鉄棒が苦手な子供の親の場合、4月最後の週に体験クラスに参加したとしたら、5月の1週目が鉄棒になっているので、即入会を決断してくれる場合があります。

また講師からも、会員に対して、「5月の1週目は鉄棒だから、次までに○○と△△をおうちで練習しておこうよ。そうすると6月の進級テスト、合格できるかもしれないよ！」と課題を出しながら、励ますこともできます。

「個人カルテ」と「年間スケジュール表」で保護者と講師がコミュニケーションをとりやすくなり、今後の方針が見えることでスクールのクオリティを支えるのです。

3-4 スクール指導報告書の例

月　　曜日　　　：　　～　級：　　～　　担当講師：

1週目：　／ ■参加数：　名 ■振替数：　名 ■体験数：　名 ■計：　名		
指導報告書	教室配置、使用備品	スクール進捗状況

2週目：　／ ■参加数：　名 ■振替数：　名 ■体験数：　名 ■計：　名		
指導報告書	教室配置、使用備品	スクール進捗状況

3週目：　／ ■参加数：　名 ■振替数：　名 ■体験数：　名 ■計：　名		
指導報告書	教室配置、使用備品	スクール進捗状況

4週目：　／ ■参加数：　名 ■振替数：　名 ■体験数：　名 ■計：　名		
指導報告書	教室配置、使用備品	スクール進捗状況

▼会員のための講座運営

スクールのクオリティを上げるポイントは、**「スクール運営を講師任せにしない」**ことです。しっかりとした指導マニュアルやカリキュラムをつくっているスクールも多いでしょうが、それでもスクールというのは講師しだいで内容が変わってしまうものです。

これは、「講師を標準化しましょう」ということではありません。スクール全体で一定レベルのカリキュラムのクオリティを保ちながら、プラスアルファとして講師のオリジナリティが加わった講座を目指すべきです。

前述しましたが、スクール全体のクオリティを保つために大切なことは、スクール運営者や講師以外のスタッフ（受付、事務員など）が、会員目線になって講座を客観視することなのです。

発表会や認定などの節目があるようなスクールでは、その目標に向かって適切な講座内容かどうかを確認しなくてはなりません。そのための資料となるのが、3−4の「スクール指導報告書」です。

年度の途中で入会してくる会員に対しては、講師以外のスタッフが、「この講座は、この時期にある発表会に向けての講座内容で、今はこの段階です」と新会員に伝える必要があります。そして講師に確認を行ない、「次の発表会に間に合うようにフォローできるかどうか」「その次に目標を定めるのか」を案内する必要もあります。

こういったきめ細やかな対応をするためにも、講師任せにしない講座運営が必要になってくるのです。

4 仕掛け④ ゲーム感覚で楽しむ＝講師・スタッフのモチベーションアップ

▼講師とスタッフが楽しむゲーム

会員をやめさせないためには、「楽しめる」仕掛けがあることが大切です。これは**講師やスタッフが楽しめる**ということです。

スクール側が会員をやめさせないための仕掛けをあれやこれやと画策することに対しては、会員はいい印象を持たないので、やめさせないための仕掛けだと気づかれると、逆効果になる場合があります。

また講師やスタッフに対しても、「会員をやめさせるな！」と命令するだけでは気持ちよく働いてもらえませんし、積極的に動いてはくれません。やめさせない仕掛けを徹底させようと細かくチェックすればするほど、「うるさいなぁ、わかってるよ」と思ってしまいます。

そうではなく、**講師やスタッフが主体的に行動する**のが一番いいのです。やらせるのではなく、自発的にやってみようという気持ちになってもらうために、ゲーム性のある仕掛けにすると、楽しく、ときには競いながらお互いを高めていくことができます。

例えば、会員の継続率を上げるために、一人ひとりが目標を達成しなければならないとなると

3-5 「全会員の名前を呼ぶゲーム」の効果

会員の名前を呼ぶ必要があるので名前を覚える

↓

スタッフと会員のコミュニケーション量が増える

↓

顧客満足度が上がる

↓

継続して通ってくれる！

シビアになります。しかし、例えばそれをチーム制にすることで、ゲーム感覚が入り、楽しくやれるようになります。

ゲーム的要素として、ランキングで競わせるやり方もいいでしょう。基準としては、会員に対して「お願い」「催促する」ことが嫌ではないと思える取り組みになるといいでしょう。

私が子供向けスクールで、実際にスタッフに実施してもらった簡単な事例を紹介しましょう。

スクール時間内に「全員の子供の名前を呼ぶ」ゲーム

【ルール】・担当クラスの全会員の名前をスクールの時間内に必ず呼ぶこと
・スタッフ数名でチームをつくり、チームごとの達成率を競う

出席確認などは除き、名前を呼んだ会員は名簿などで各自チェックするようにしてもらいました。もちろん管理者もときどきスクールの際にチェックしますが、基本は、スタッフ同士でつくったチームに自己申告してもらいます。

「時間内に必ず名前を呼ぶ」というだけのルールですが、やってみると、全会員の名前を呼ぶことはけっこう大変です。しかし、このルールを設けることで、スクールにとってはとてもよい連鎖が起こってくるのです。

前ページの3-5のように、会員とのコミュニケーションが増えたスタッフはモチベーションが上がり、仕事が楽しくなってきます。チーム制にしているので、スタッフ同士の関係もよくなります。

これは子供のスクールの事例ですが、大人の会員に対しても有効なので、ぜひ試してみてください。

「出席率ランキング」ゲーム

【ルール】・担当クラスの会員に出席を促し、欠席者を極力減らす

フィットネスクラブの出席率をアップさせるためのゲームです。

出席率を上げるには、会員に休まず来てもらわなければいけないので、積極的に会員に声かけをしてもらいました。

スタッフによっては、仲がよくなった会員にこのゲームをやっていることを正直に伝えて、協

力してもらうこともあったようです。

このフィットネスクラブは振替制度を導入していたので、会員が休むと振替えが発生します。欠席者が増えると、その分、余計に人的コスト、時間的コストがかかるうえ、体験クラスの枠も減ってしまうので、振替えの枠を減らす目的でこのゲームを実施したのです。

ゲームにすることで、講師やスタッフが楽しく競うことができました。運営側としては、会員と講師の距離を縮めてほしいという期待と、振替枠を減らしたいという狙いがあったのですが、それがゲームを通じて達成されました。


このようにスクール運営者が、会員の継続率を上げるためにスタッフと会員とのコミュニケーションを増やしたいと思ったとき、「会員とコミュニケーションを多くとれ！」とスタッフに指示するより、こうしたゲーム感覚で取り組むほうが、いろいろな面でよい効果をもたらすでしょう。

5 仕掛け⑤ スクールに必要な「おもてなしの演出」

▼「特別あつかい」の心がけ

度合は様々ですが、会員の方はみなさん、「特別あつかい」されたいと思っているものです。ですから、えこひいきや不公平になってはいけませんが、それぞれが特別な会員だと感じてもらうことが大切です。そのための「おもてなしの演出」をスクールで行ないましょう。

２０２０年の東京オリンピック誘致で脚光を浴びた「おもてなし」ですが、サービス業では欠かせない精神です。しかし、企業や店舗など、組織としてきちんと「おもてなし」に取り組んでいるところがはたしてどれくらいあるでしょうか？

「おもてなし」というのは曖昧な言葉ですが、必要な要素を考えていくと、「マナー」「接客・接遇」などが挙げられます。ここに「気配り」「心」といった要素が加わると、人はもてなされていると感じます。

前にもお伝えしましたが、スクールビジネスは、入会したときから何回も通うことを約束してもらうビジネスです。そこで、日ごろ会員と接する、ちょっとした機会の積み重ねで「おもてなしの演出」をしていきましょう。

以前、携わっていた文化系講座でのことですが、事前連絡なしにスクールを欠席した会員に対して、「担当の講師には、欠席された○○様へのフォローをお願いしてありますので、ご安心ください」という連絡をしたことに対して、翌週の来館の際、その会員の方にとても感謝された経験があります。

こんなたわいもないことですが、こういったひと言があるのとないのとでは、会員の気持ちは大きく変わってくるものです。

▼体験レッスンでのサプライズ

会員の方に「ここのスタッフと接するのは心地いい」と思ってもらうためには、「会員の方のたわいもない情報でも覚えておいて、それを口にすること」と前述しました。自分のことを覚えてくれているということで、会員の居心地のよさが変わってくるのです。

「以前、○○様に伺った△△ですが……」という話の切り出し方をすると、会員の表情が変わります。これは、「趣味」「家族」「ペット」「ニュース」「近所のお店」などの話でも十分効果的です。こういった会話で会員の「居心地のよさ」をつくっていくことができるのです。

見込客に対しても、同じように「おもてなしの演出」は効果的です。

体験レッスンの予約が入っている日は、入口に**ウェルカムボード**を置いて、おもてなしするこ

3-6 ウェルカムボードの例

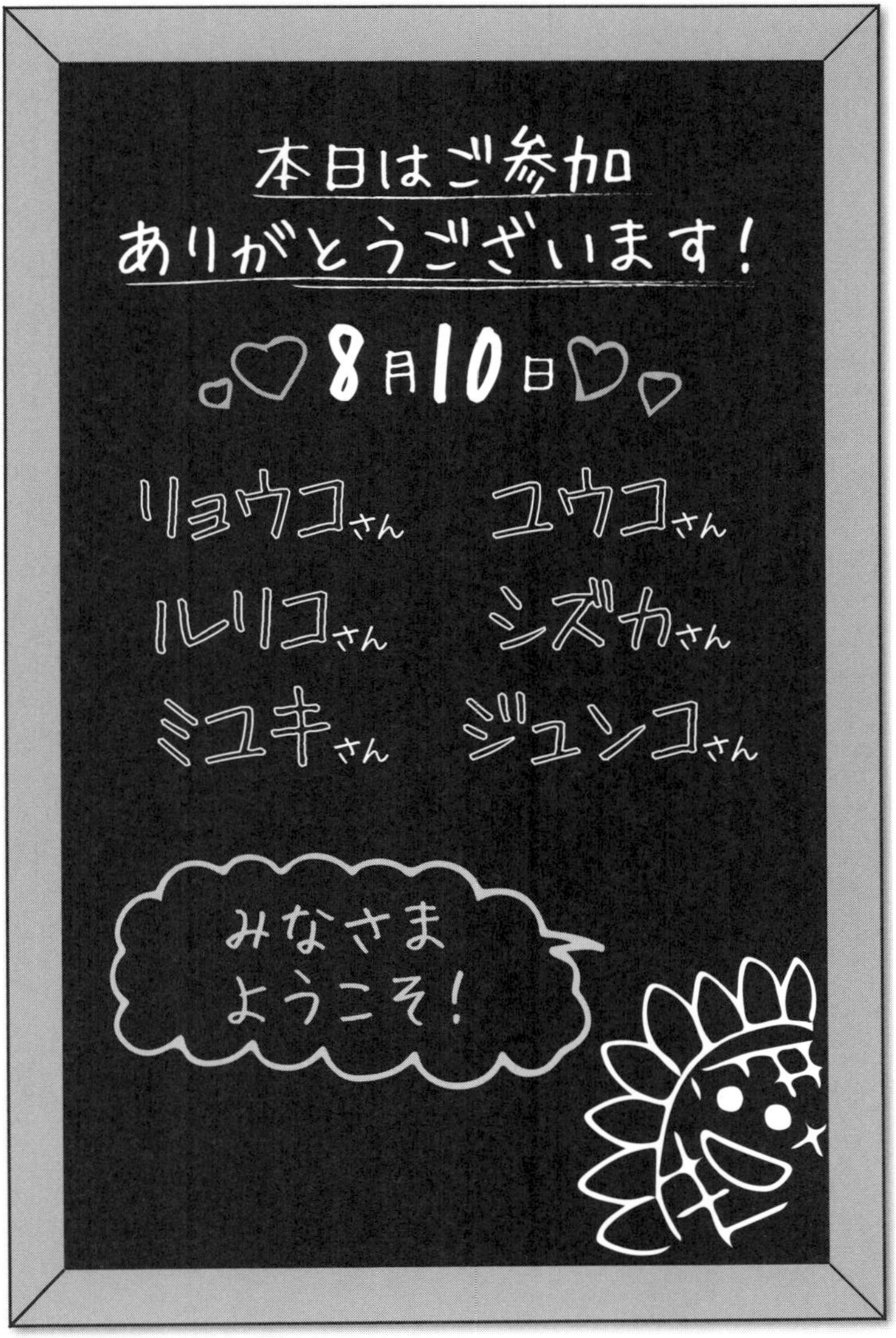

とも有効です。

子供のスクールの場合などでは、

「本日体験レッスンの○○くん、○○ちゃん！　お待ちしていました！　レッスンがんばりましょう！」

と、立て看板にイラストを添えて入口に置いておくことで、「私たちスタッフ一同、心からお待ちしていました！」という気持ちが伝わります。

体験レッスンを受ける前の時点で、子供たちはもちろん、親御さんの気持ちも満たされ、スクールの体験レッスンへ来てよかったと思います。

そして体験レッスン終了後は、すぐに親御さんと接触し、体験レッスンの様子を伝えましょう。ここでは、**終了後すぐに親御さんにフィードバックする**ということが重要です。私のクライアントのスイミングスクールで実施していたときには、水着のまま、若干濡れていてもかまうことなく、すぐにフィードバックさせました。

親御さんにとっては、「少しの空き時間の中、講師がわざわざ自分の子供のために話しに来てくれた！」といううれしい感情がわき、自分の子供のことをちゃんと見ていてくれるいいスクールだと感じるので、その後のクロージングで入会する確率が上がります。

入会前の満足度を満たす大変重要なポイントです。ぜひ実践してみてください。

▼感謝の気持を具体的に表わす

経営者はじめスタッフ全員に強く言いたいことですが、会員が長く通い続けてくれること、自分のスクールに体験に来てくれたこと、体験後に入会を決意してくれたこと、これらを当たり前に思わず、感謝してほしいのです。

常連会員は、自分にとってメリットがあるから通い続けているというのは事実ですが、それを、「(会員が)来たいから通っているんだ」と思わないでほしいのです。

3ヵ月続かない会員がたくさんいる中、1年以上も通い続けてくれているのです。その感謝の心を「おもてなし」として表わしましょう。

長く通い続けてくれる会員は本当に貴重な存在です。大事に思う気持ちを表現することで、その気持ちは、新規会員にも伝播するのです。

「会員の誕生日」や「1年継続している会員の表彰」「皆勤賞」など、盛り上げられるタイミングにはしっかりとおもてなしして、会員に感謝の気持ちを表わしましょう。

3-7 皆勤の感謝の意を表わす「受講修了証」

WYVERN SOCCER SCHOOL

短期レッスン受講修了証

[redacted] 殿

あなたは本スクール主催の夏休み短期教室を
受講したことを証明いたします。

コーチからの一言

リフティングの練習に磨きがかかり、この夏で最高新記録が大きく伸びたね◎
諦めずにコツコツと練習してきたことが成果に繋がったことに自信を持って、
何事にもチャレンジする姿勢を忘れないでください！！！

短期教室テスト

	ダッシュ	ドリブル	リフティング
テスト１回目 (before)	１０秒３１	１４秒３３	１１回
テスト２回目 (after)			

NPO 法人愛知スポーツ支援機構
理事長　神田浩幸

6 仕掛け⑥ 電話応対を見直す＝会員との有効なコミュニケーション

▼相手の表情をイメージして話す

電話の応対ひとつで、会員のスクールへの印象が大きく変わってしまうケースがあります。スクールの電話での応対には、

・欠席連絡の電話
・教室予約の電話
・教室を休んだ際の振替予約の電話

など、多くのケースがあります。こういったときの、ちょっとした話し方や聞き方に注意することで、顧客満足度は意外と変わってくるものです。

電話応対は次のような挨拶から始まります。

「はい□□□（スクール名称）の○○と申します」
「お問い合わせありがとうございます。まずは、お名前をお伺いさせていただけますでしょうか」

単純なことですが、まずはじめに必ず名前を確認します。新規の問い合わせの方には、さらに**電話番号などの連絡先を必ず最初に聞く**ことが大切です。

既存会員の場合は、会員を特定できる会員番号を聞きがちですが、これはやめましょう。会員番号は、スクールの都合でつけているものであり、**会員の中には番号で呼ばれることを不快に感じる人もいる**からです。

名前を確認したら、そのあとは○○様と名前で呼ぶことができます。「会員」と呼ばれるより、自分の名前を呼んでもらったほうが、当然、心の距離が近く感じられるものです。

名前を確認できたら、次に、スクールスタッフから、「毎週月曜日、10時からの△△講座にお越しいただいている○○様ですね」という対応をします。

会員の管理システムなどの状況にもよりますが、待たせることなく、すぐにその会員が何を習っているのか、いつ来ているのか、スタッフが把握していることを会員に伝えることで、**「あなたのことは、よくわかっていますよ」と印象づけることができる**のです。

電話では相手の顔が見えません。しかし、相手の表情をイメージして、自分の表情も相手に見えていると意識しながら話すと、与える印象が大きく変わります。

▼電話で表情が伝わる

私のクライアント企業に、スクールの受講生の顔写真データを見ながら、そして自分のデスクに鏡を置いて自分の表情をチェックしながら、電話で話しているスクールがあります。

声のトーンは電話応対しているときの表情によって変わってきます。表情が悪いと声のトーンも悪くなります。しかし鏡で、眉間にしわが寄っている自分の顔を見ることで、すぐにあらためることができるのです。

そのスクールでは、電話で欠席などの連絡を受けた際には、「○○様、次回お越しの際は、私、□□（スタッフ）が受付でお待ちしております」というように、次回の約束をするように心がけています。

実際に、このスクールで行なったアンケートでは、電話の感じがとてもよいと思っている会員が90％以上でした。さらに会員が欠席の連絡をした際には、ほとんどの会員が「来週は必ず行こう」と感じていました。

このように電話での応対が、会員とのとても有効なコミュニケーションになっているのです。

日ごろの電話応対は、既存会員の印象だけでなく、チラシやホームページを見ての問い合わせの方への印象にも影響します。その応対しだいで入会につながるかどうかに直結します。

おろそかになりがちな電話応対こそ、細心の注意を払うと、会員の好感度は高くなります。

7 会員に長く通い続けてもらうために

この章では、会員に長くスクールに通い続けてもらうための「やめさせない仕掛け」を具体的に紹介してきましたが、これらのやめさせない仕掛けをさらに効果的にするために、会員のやる気を上げることを考えましょう。

会員のやる気を引き出すためには、スタッフのモチベーションが大きく関係してきます。**会員のやる気の前提として、スタッフのモチベーションが必要**だからです。

会員とスタッフのやる気の関係は、相関関係にあります。どちらが先にモチベーションを上げるかは、「鶏が先か卵が先か」という話になってしまいますが、同時進行でやっていけばいいのです。

スタッフのやる気、会員のやる気が高まったところに、プラスアルファのやめさせない仕掛けを加えることで、長期間通い続けてもらえるような仕組みができます。

仕掛けがあっても、それだけでは通い続けてはくれないものです。会員自らが続けたいと思ってもらえるように、そしてスタッフは、言われるからやるのではなく、自ら率先して会員に通い続けてもらうために動くことがやる気につながり、会員は継続してくれるのです。

4章

会員の「やる気」を上昇させる方法

1 「やる気」を形成する3つの要素

▼「やる気」を維持させるのはむずかしい

会員がスクールを継続してくれるかどうかは、2章で「プライス」「サービス」「クオリティ」「クレンリネス」「アトモスフィア」という顧客満足度の指標として5つの要素をお伝えしましたが、それ以外にも大きな要因があります。それは、会員の「やる気」です。

やる気、モチベーションが維持されていれば、目標を達成することが常に意識づけされているので、スクールに通うのが習慣となり、少々のことではやめません。

ただ「やる気」を維持させることはむずかしく、些細なことが原因で上がったり下がったりします。

私自身も、モチベーションを自由にコントロールできているのかと言えば、そうとは言えません。とくに大人になってからの習い事は、私自身なかなか長く続けることができずにいます。

自分自身がスクールビジネスに関わっていることが影響しているのかもしれませんが、やる気満々で始めたことでも、徐々にモチベーションが下がっていってしまいます。健康のため、体力維持のために通ったフィットネスクラブも、3ヵ月も通い続けることができませんでした。

恥ずかしながら、私が仕事で関わっているスポーツクラブやフィットネスクラブでは、「継続しなければ効果が出ないし、収益も上がらないから、会員さんにとってもクラブにとってもまずは3ヵ月、続けてもらいましょう」と言っているにもかかわらずです。

▼「何となく続いている」原因は？

モチベーションを自在にコントロールできる人はなかなかいないはずです。何か始めようと思っても始められない、すぐに飽きてしまうという人も多いのではないでしょうか。

そうは言っても、何か、「これだけは何となく続いているなぁ」という習慣や趣味はあると思います。実は、何となく続いている習慣や趣味には、自らが進んでやろうとするやる気が存在しているのです。

やる気を構成している要素は次の3つです。

①目標
②報酬
③興味・関心

この3つがないとやる気が生まれません。そして、この3つがバランスよく働いているとき、やる気は高い状態で維持されます。

どれかひとつでも欠けたり弱まったりすると、やる気も下がります。会員がスクールを続けようという気持ちも、このやる気に大きく左右されるのです。

では、スクールの会員にとって、３つの要素の内容にはどんなものが考えられるでしょうか？

①目標

やる気は、目標が定まっていないとわいてこないものです。目標を達成した瞬間に、②の報酬が得られる関係と言えるでしょう。

スクール運営では、まず入会時に一人ひとりの会員に合わせて、大きな目標を設定させましょう。目標を意識し、それに向かってがんばって練習している間は、高いモチベーションを維持しやすいものです。

ただし、大きな目標だけではゴールが遠く感じられて、達成できるイメージがわかない場合があります。会員によっては大きな目標を達成するために、「まずは、○○までがんばりましょう。○○までできたら、次は□□まで行きましょう！」という具合に、「よし、これならクリアできそうだ！　がんばろう！」と感じてもらえるように、小さな目標（ベビーステップ）を小刻みに設定しましょう。

そして、小さな目標をひとつずつクリアし、最初に決めた大きな目標が達成できたところで、次の目標を設定するのです。そうすることで、会員は次の目標を意識し始め、これを達成しようとします。

4-1 ベビーステップを積み重ねる

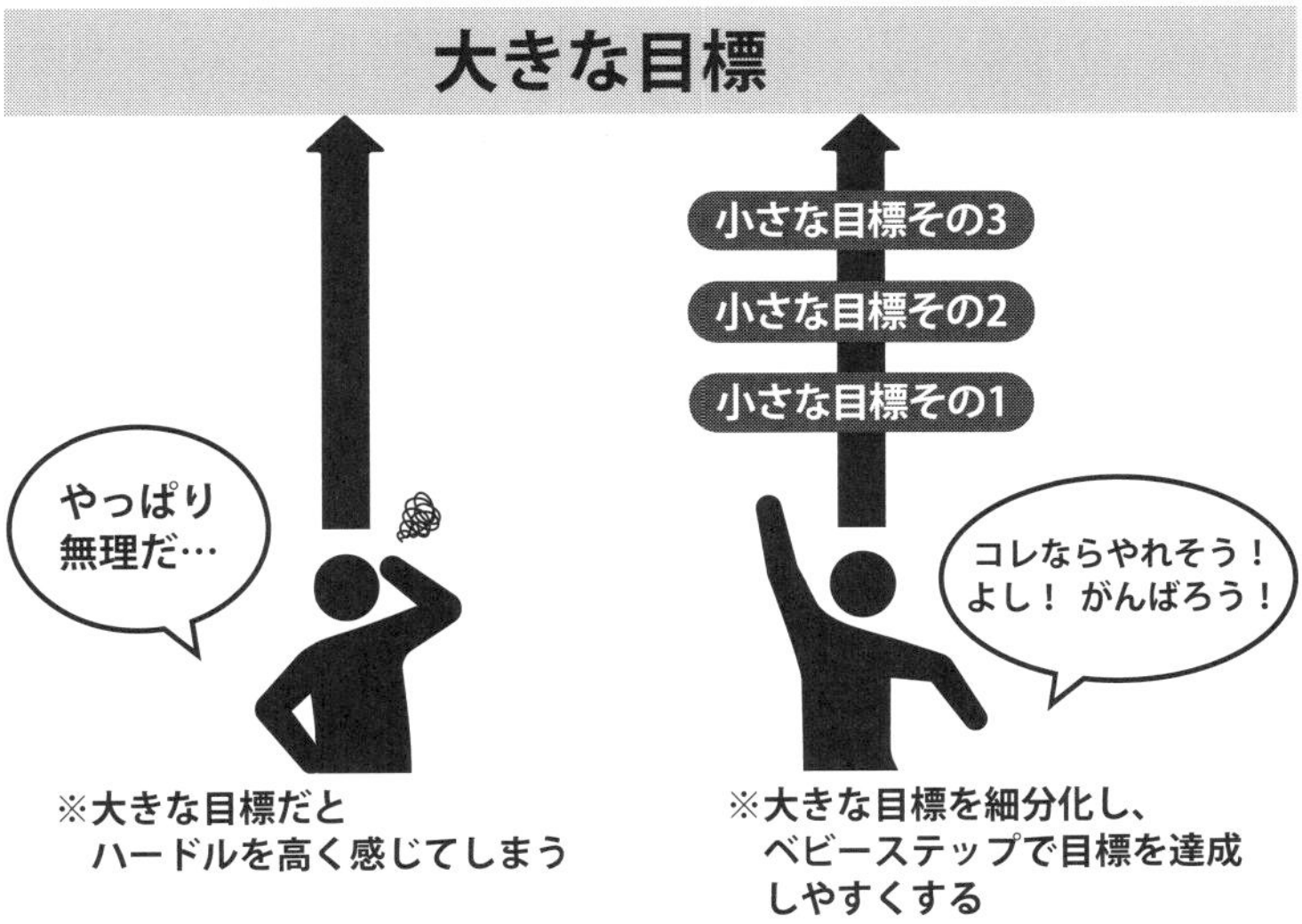
大きな目標
小さな目標その3
小さな目標その2
小さな目標その1
やっぱり無理だ…
コレならやれそう！よし！ がんばろう！
※大きな目標だとハードルを高く感じてしまう
※大きな目標を細分化し、ベビーステップで目標を達成しやすくする

このように、会員のモチベーションを維持することが必要です。

あるフィットネスクラブでは、目標を意識させるために、壁に設定目標の貼り紙をしています。

会員は、葉っぱの形をした目標記入シートに自分の目標を記入し、大きな木が描かれた紙に貼りつけます。そして目標が達成できたら、裏返してもらうのです。

目標が書いてあるほうは緑色、裏返すとオレンジ色になっており、他の会員と比較できるようにしています。これを実施してから、会員の目標達成のスピードが速くなりました。

②報酬

報酬とは、労働したことに対して支払われる対価のことを言います。いわゆるご褒美です。

一般的には報酬と言うと、お金をイメージしますが、お金だけが報酬かと言えば、そうではありません。

スクールの場合、目標に向かって一生懸命練習したことが労働に当たります。そして、「目標タイムを上回ることができた」「検定試験に合格できた」など、苦手を克服したとき、また目標を達成したときに得られる満足感、達成感、喜びという感情が対価であり、会員にとっての心の報酬になるのです。

技能の習得、上達を実感したときや、自身の成長、成果が感じられた瞬間に心の報酬が生まれるのです。

会員には、心の報酬（多くの満足感や達成感、喜びの感情）をたくさん感じてもらえるように、講師・スタッフが積極的に関わり、目標設定をし、やる気を上昇させましょう。

③興味・関心

「やる気」を形成する要素の中で、コントロールするのが一番むずかしいのが、興味・関心です。他のビジネスモデルと比較すると、スクール型ビジネスでは、そもそも興味・関心を抱いてスクールに通い始めるため、入会当初は興味・関心が比較的高い状態にあると言えます。

したがってスクール運営では、会員が入会当初に抱いていた興味・関心を失ってしまわないように、維持すればいいのです。

しかし、子供の塾や習い事、あるいはビジネススキル習得系のスクールの場合は、親や家族、会社などから通うことを強要されていることも多く、必ずしも入会当初の興味・関心が高いとは言えません。

このような場合は、スタッフが、興味・関心を抱かせるアプローチや、コミュニケーションを意識し、会員にスクールに通うことへの意義や、興味・関心を抱いてもらうよう、とくに注意を払う必要があります。具体的には、「目標、ゴールに到達している自分」そのものをイメージしてもらうようなアプローチをするのです。

例えば、泳げない人、泳ぎが苦手だと思っている人を泳げるようにするためには、まず、「泳いでいる自分をイメージしてもらう」ように声かけをします。泳げるようになった自分を明確に、鮮明にイメージしてもらうのです。歌を歌うことが苦手な人には、「発表会でいきいきと、楽しそうにみんなの前で歌っている自分の姿」をイメージしてもらいます。

私が講師をしている「かけっこ教室」でも、走ることが苦手な子供の場合は、運動会で恥ずかしいからと親が連れてくることが多くあります。本人はいやいや来ている場合が多いのですが、そんなときは、こんな会話をします。

「ねえ○○くん。スポーツは好きかい?」

「あんまり好きじゃないです」

「サッカーや野球、やってないの？」

「いちおうサッカーやってます」

「今はさ、サッカー楽しく感じないかもしれないけど、走るのが速くなったらどうかなぁ。走りながらドリブルしている自分の姿、想像してみて。どう？　どんな気分？」

「……（若干口元がゆるむ）」

「速く走れるようになったら楽しいと思わないかい？　お父さんやお母さんも喜ぶと思うよ」

「はい」

「よし！　がんばってみようか！」

この男の子は、実際に速く走れるようになり、自分に自信が持てるようになって、帰るころにはとてもいい表情をしていたのを覚えています。

このように、成果がすぐ出たことを見せてあげるのも有効です。


スクール運営者は、「やる気」を形成している3要素をしっかりと理解したうえで、現在の会員の状況はどうなのか、スタッフを通じて確認してみましょう。

やる気を失っていそうな会員には積極的に関わり、①「目標設定の確認」と、②「目標達成したときに得られるイメージ」、③「興味・関心を大きくする」ことに取り組みましょう。

2 「やる気」上昇の仕組み

▼小刻みに誰でも達成できる目標を設定する

やる気を構成する要素が理解できたら、次は、会員のやる気を上昇させる仕組みを考えていきましょう。やる気を上昇させる仕組みをつくる際には、次の2つを組み合わせていきます。

・短期的にやる気が上がる仕組み
・中期的にやる気が上がる仕組み

まず短期的に一気に上げたやる気は長続きしませんが、マンネリになることは防ぐことができます。要は刺激を与えるということです。例えば、「1ヵ月間スクールを休まなかった方には、○○をプレゼント」「◇◇を達成した方には、○○円キャッシュバック」といった報酬を提示することで、短期的にスクールに通う動機を強化することができます。

こうして短期的に会員のモチベーションを上げておいて、その間に中期的にやる気を上げる仕組みを提供していくのです。

短期的なやる気向上のポイントは、小刻みな目標設定です。小さな目標を設定していくことで、次に目指すべきことが明確になり、ひとまずその目標に向けてがんばろうという気持ちになります。あまりにもハードルの高い目標の設定は逆効果になってしまうので、短期的な目標は、がんばった人は誰でも達成できるものにして、会員のやる気を上昇させるのです。

▼具体的に3ヵ月で達成できる中期目標を決める

続いて、もう少し期間の長い中期的な目標設定について考えてみましょう。

多くのカルチャーセンターでは、発表会や展示会を開催しています。この発表の場を目標とすることはもちろんなのですが、ここでは1年に1、2回の発表会よりも、もう少し期間の短い中期の目標設定が重要になります。期間で言えば、「3ヵ月以内に達成を目指せる目標」です。

例えば、音楽系のスクールであれば、「3ヵ月後にはあなたの好きなアーティストの○○という曲を弾けるようになりましょう」というように課題曲を設定します。

フィットネスクラブであれば、「3ヵ月後の体脂肪率○%ダウンを目指すことで、あなたの理想のボディラインに近づくことができます」という具合です。

このように具体的にイメージできるような、手の届くところにある中期的な目標や数値を設定することで、会員はワクワクしながらレッスンに取り組むことができるのです。

短期的にやる気を上げる仕組みで初期継続率を上げていき、中期的にやる気を上げる目標設定で、3ヵ月ワクワクして継続していただく。

まずはこの組み合わせをしっかりと行なっていくことが大切です。

3 「やる気」上昇の仕組みの成功事例

実際に会員のやる気を上昇させている仕組みをつくっているスクールがあるので、いくつか事例を紹介しましょう。

随時進級システム（スイミングスクール）

進級テストに合格することは子供のやる気を引き出す効果があるため、私はスイミングスクールでは、一般的に2ヵ月に1回程度、進級テストを行なっています。この進級テストの段階は、多いスクールで30段階にもおよびます。

泳ぎの苦手な子供の場合は、クロールで25m泳げるようになるのに3年かかるということも珍しくありません。

私のクライアントのスイミングスクールでは、幼児の進級に関しては、**「随時進級可能」**というシステムを導入しました。幼児はテストを嫌がることも多いのですが、このシステムでは、上達の早い幼児は毎週、遅くても毎月進級します。よくある進級テストは行ないません。

短期間に進級する仕組みなので、幼児は自分ができたことの達成感があり、コーチや両親から

「よくがんばったねー」と短期間に何度もほめられるので、どんどんやる気（報酬）が得られるシステムです。

スイミングスクールは、幼児から小学校低学年のうちに入会することがほとんどです。この随時進級システムは、スクール側にとってもメリットがあります。

通常、小学校高学年になるとクラブ活動が始まるので、この時期はスイミングスクールを退会するタイミングと言えます。だいたい3年生まででやめてしまいます。しかし、幼児のときに楽しいと感じてくれた子供は、高学年になってクラブ活動が始まっても、並行してスイミングもがんばって続ける割合が増えました。

このシステムを導入したことで継続率が上がって、結果、会員数が増えました。さらに幼児にとってやる気の上がるシステムが好評で、小さい子供たちがたくさん入会してきました。

スイミングスクールは3歳から10歳くらいまでの子供で、ほとんどが構成されています。3歳からスタートさせるか、5歳からスタートさせるか、小学校入学に合わせてスタートさせるかによって、在籍期間が変わります。

幼児の特性に合ったシステムをつくった結果、在籍期間が長くなり、少子化にもかかわらず、会員数が1000名から1300名に増えたのです。この随時進級システムは、子供のやる気を上昇させ、通い続けようという気持ちにさせる、大変いいシステムです。

4-2 中期目標を設定するキャンペーン

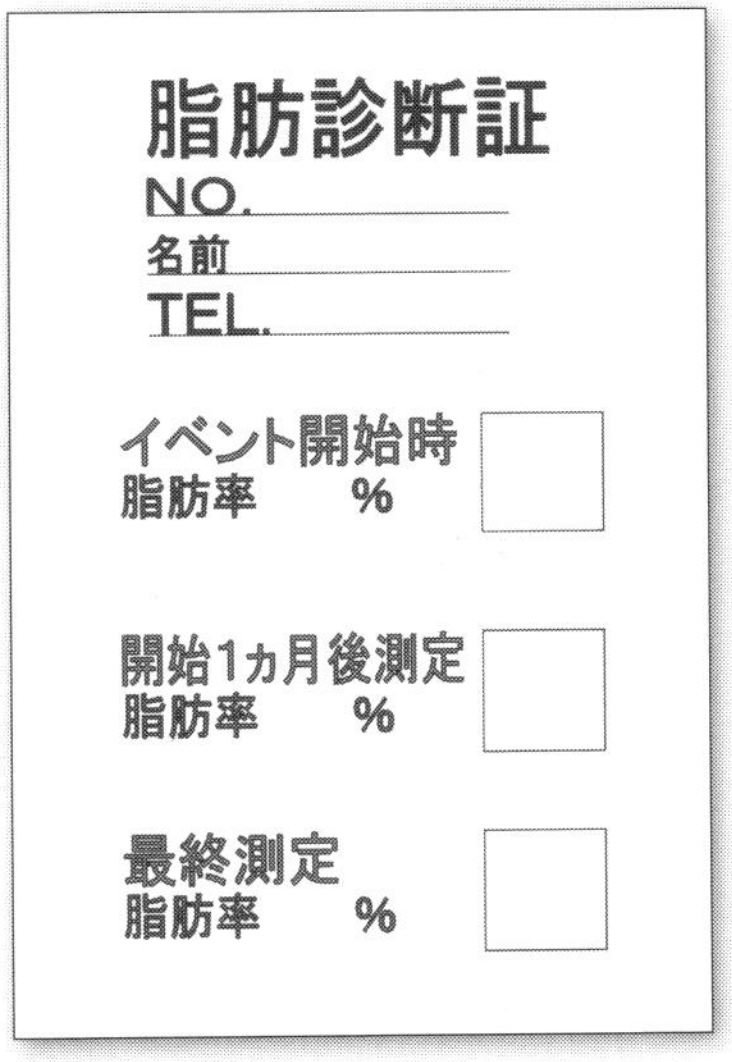

あなたのいらない脂肪を売ってください（フィットネスクラブ）

これはフィットネスクラブのキャンペーンの事例です。

数ヵ月間で目標設定した体脂肪率までダウンした場合、1000円キャッシュバックをするキャンペーンを実施して、シェイプアップ目的の会員のやる気を引き出すことに成功しました。

多くのフィットネスクラブは、毎週決められた曜日・時間に通うというスタイルではなく、「いつでも好きな時間に利用できる」というビジネスモデルです。しかし、こうしたスクールのスタイルでは、スケジュールの自由度が高すぎて、「フィットネスクラブに通う」という習慣をつくることがそもそもむずかしくなります。

そこで、このような**中期の目標を設定するイベントやキャンペーンを設ける**ことで、会員の方に「フィットネスクラブに通う」という意識づけを行なうことが重要です。

ミニ発表会開催（カルチャーセンター）

あるカルチャーセンターでは年に1度、10月に発表会を開催しているのですが、会員は発表会の時期に合わせて入会してくるわけではありません。たまたま発表会の月に入会してしまった会員の場合、入会してすぐの発表会では習得した技能を披露することはできません。

そのため、年に1度の発表会よりも規模の小さい「ミニ発表会」を開催しています。

このミニ発表会は、通常行なわれる会場とは異なり、地域の学校や子供会、デイサービスの施設などで行なっています。

新規の会員もベテラン会員のサポートを受けながら発表会に臨むので、教室全体のまとまりができ、ムードがよくなる効果があります。そして新規会員にとっては、人前での発表に慣れることができるという利点があります。

また、この活動自体が社会貢献としての役割を担っているので、自分にとっても社会にとっても、「よい習い事」という認識が生まれ、やる気を引き上げる効果をもたらしています。

アウトプットする場があることはやる気を生みます。会員は、自分たちがいいことをしているという気持ちになり、もっともっと上達したいと思うのです。

4 「やる気」を育てるコミュニケーションのとり方とは

▼コミュニケーションの質を上げる

会員のやる気を上げることは、こういった仕組みだけですべて実現するわけではありません。どうすればやる気が上がるかは人それぞれなので、よほど強いモチベーションを持って入会した人以外は、引き出したやる気を持続させることは簡単ではありません。

スクールの仕組みの上に積み上げられるもの、それは、これまでにも何回か述べた、会員とのコミュニケーションのとり方です。

スクールビジネスは接客業の側面もありますから、会員への接し方は重要なポイントです。むしろ、**スクールの講師やスタッフにとっては、コミュニケーション能力がもっとも重要なファクター**であると言っても過言ではありません。

「コミュニケーションの量とライフタイムバリュー（LTV：Life Time Value）の量は比例する」という調査結果があります。ライフタイムバリューとは「顧客生涯価値」のことで、スクールビジネスで言えば、ある会員が他のスクールにスイッチするまでに、そのスクールに支払った金額と言えるでしょう。

4-3　仕組みとコミュニケーションでやる気が上がる

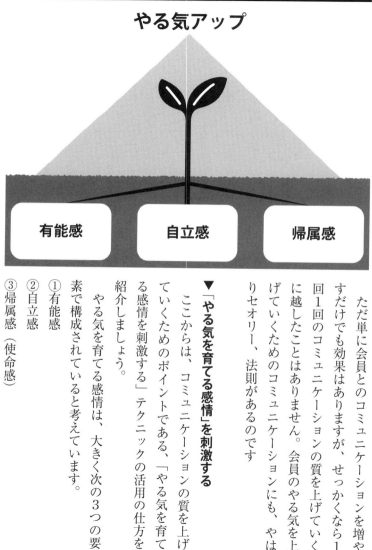

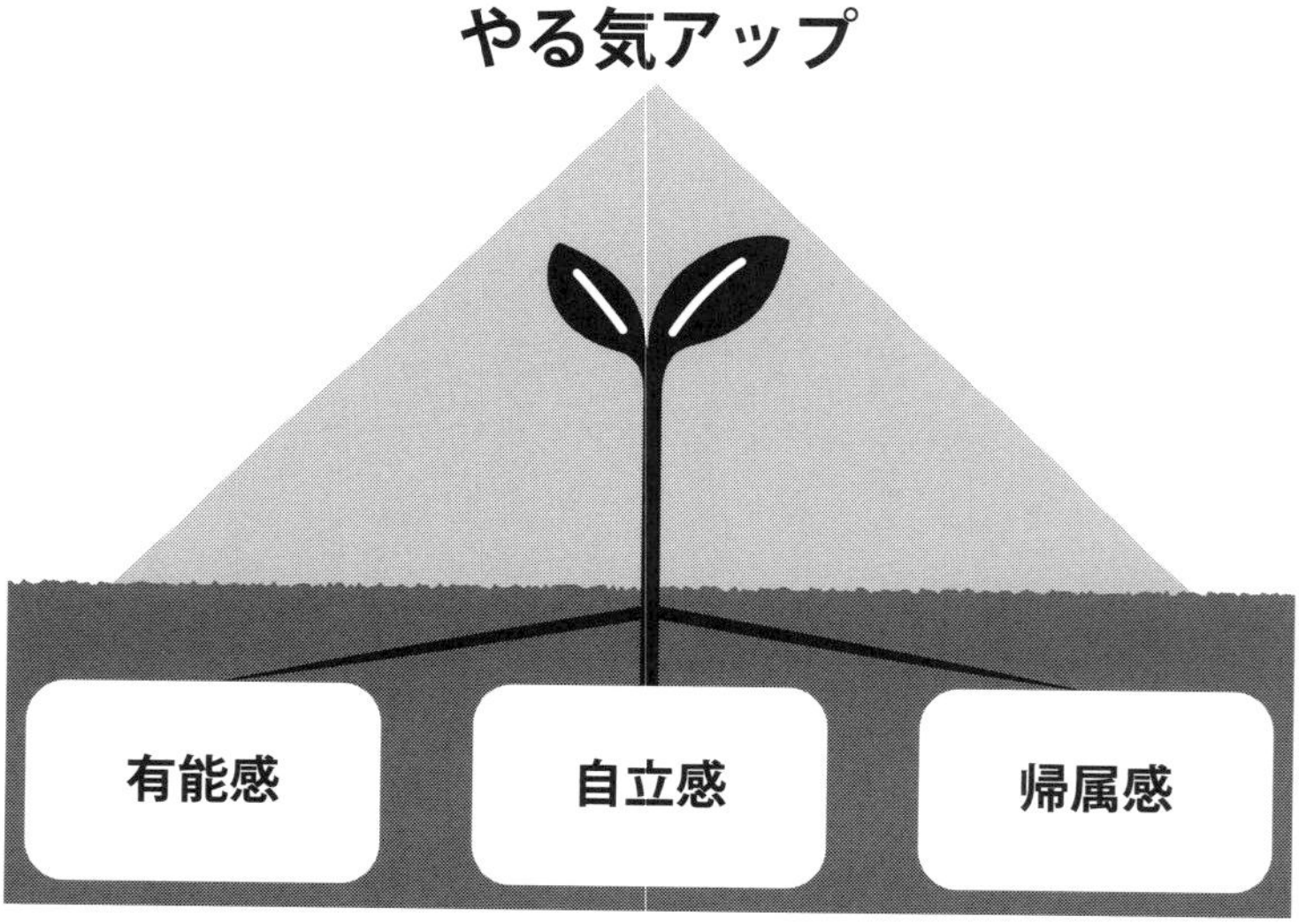

ただ単に会員とのコミュニケーションを増やすだけでも効果はありますが、せっかくなら1回1回のコミュニケーションの質を上げていくに越したことはありません。会員のやる気を上げていくためのコミュニケーションにも、やはりセオリー、法則があるのです

▼「やる気を育てる感情」を刺激する

ここからは、コミュニケーションの質を上げていくためのポイントである、「やる気を育てる感情を刺激する」テクニックの活用の仕方を紹介しましょう。

やる気を育てる感情は、大きく次の3つの要素で構成されていると考えています。

①有能感
②自立感
③帰属感（使命感）

人はこの3つの感情を抱くことによってやる気が上がり、物事を継続しやすくなります。やる気は、「有能感」「自立感」「帰属感」が根づくことで大きく育っていくのです。人は、「興味・関心」があって、それに対して「目標」が抱けて、「報酬」がもらえることがバランスよく働いているときに、やる気が高い状態になっていると言えます。

スタッフは、会員のやる気をより大きく育てるために、目標を立て、有能感、自立感、帰属感を刺激するのです。それがやる気を上げていくコミュニケーション手法です。

では具体的に、この3つのやる気を育てる感情をどう刺激していくのか、次項からこの3つの感情を刺激する方法をお伝えしていきましょう。

5 やる気を育てるコミュニケーション手法①

「有能感」を刺激する

「有能感」とは、「優れた人間でありたい」という感情です。

人は誰にも「人にほめられたい」「達成感があるとうれしい」「成長を感じたい」という欲求があります。この欲求が満たされることで、人はやる気がグングン育っていくのです。

有能感は、自分にとってこの仕事や趣味が向いていると思ったり、もともとは不安だったけれど、ちゃんと上達していると実感がわいているときに感じるものです。

ですから有能感を刺激するためのポイントは、会員が、「私、この習い事が向いてる！」「不安だったけど、ちゃんと上達してる！」と感じられるように、スタッフがコミュニケーションをとることです。

例えば、次のような声かけをするのです。

「私は今まで何百人という生徒さんを見てきましたが、□□といった点で、○○さんほど早く上達した人はなかなかいないですよ！」

「○○さんは習い始めた最初の月と比べて、□□が大変上達しています。この調子でいけば次の目標設定は……」

ただ漠然とほめるのではなく、「具体的にどういったところが優れているのか、対比や数値で説明する」ことで、有能感は刺激されやすくなります。

私の経験でも、担当しているスクールや講座の継続率が高い講師や、会員から人気のあるスタッフは、感覚的にこうした会員のやる気を引き出すコミュニケーションをとっています。

こういった講師やスタッフは、もともとのコミュニケーション能力が高いので、無意識のうちに相手の有能感を刺激するコツを会得しているのです。

このアプローチを、スクール全体で意識的に行なうことが大切です。

全スタッフが会員の有能感を刺激する意識を持って、会員とコミュニケーションをとることができれば、会員にとてもいいスクールだと感じてもらえることでしょう。

こうしたコミュニケーションをとることが苦手なスタッフもいますが、それでも常に、このような意識を持ってもらう必要があるのです。

「自分はできるんだ」「やれるんだ」という気持ちが芽生えてくると、目標、目的も明確になってきますし、興味・関心も強くなってきます。

そこで、自分はこの段階でこういうことができたという達成感（報酬）が得られるのです。

6 やる気を育てるコミュニケーション手法②
「自立感」を芽生えさせる

自立感とは、「自らの行動を自らがコントロールしていると感じること」を指します。「自分で目標を立て」「自分がやりたいから」「自分に必要だと思うから」「主体的にやる」という感情です。誰でも人から言われてやるのと、自らがやろうと思ってやるのとでは、やる気の度合が違ってくるものです。みなさんも思い当たることがあるのではないでしょうか。

具体的にスクールビジネスの場合では、会員に「自分が選んで通っている」と常に意識させるような声かけをすることです。「○○さんは、入会当初は□□という目的でしたが、現状はいかがですか?」「○○さんの目標は□□でしたよね」といった声かけです。

ここでは当然、効果や成果が現われていることが前提ですが、**会員の方の生の声を聞くような カウンセリング的な対応**が必要です。

会員へのアンケートも効果的でしょう。アンケートの場合は、そのまま広告に使用する「会員の声」などとして販売促進に活用することもできる利点もあります。

自立感が強くなってくると、目的も次から次へと生まれてきます。

7 やる気を育てるコミュニケーション手法③
「帰属感」を抱かせる

帰属感というのは、所属するコミュニティに**自分の居場所がしっかりある**と感じることです。帰属意識とも言います。

会員に「俺がいなきゃダメだ」「私はここにいる意味がある」「ここは私の居場所だ」という気持ちを持ってもらえれば、スクールへの忠誠心は自然と形成されていきます。

例えば、職場でも社員それぞれの帰属意識が高ければ、それだけ仕事に集中することができ、団結力も生まれ、大きな成果を上げやすいのです。

会員に帰属感を抱いてもらうためには、スタッフと会員との間だけでなく、会員同士のコミュニケーションを促すように働きかけることも重要になります。

新入会員の人は、友人がすでに会員である場合は別ですが、すぐには帰属感は持てません。帰属感を早い段階で持ってもらうためには、会員同士が仲よくなることが一番です。協力をお願いできる常連会員がいる場合は、常連会員に声をかけてもらいましょう。

常連会員の中でも、誰からも信頼され、誰とでも仲よくできるコミュニケーション上手な人に、「○○さんは入会したばかりのはじめての方なので、声をかけてあげてくださいね」

「□□さん（常連）、○○さんは入会したばかりなので、サポートをお願いしますね」といった具合にお願いすることで、常連の方に面倒を見てもらえるような関係性ができればベストです。

また、教育関係で使われている言葉に「ピア効果」というものがあります。ピア（peer）とは「仲間」「同級生」「同僚」「地位・能力などが同等の者」という意味です。

つまり、意識や能力の高い集団の中に身を置くことで、切磋琢磨され、お互いを高め合う効果のことです。

例えば、難関大学を目指す進学校のように、高い意識や能力を持った人間が集まってお互いに刺激・感化し合うことによって、集団全体がレベルアップするとともに、個々人の成長にも相乗効果をもたらします。

また、ゴルフでラウンドする際に、自分よりも上手な人とまわると、なぜかスコアがよかったりすることが多いのですが、これもピア効果です。

意識の高い人たちと一緒に参加していると、上達するスピードも速くなるのです。

8 やる気を育てる3要素の刺激の仕方

やる気を育てる3要素（有能感、自立感、帰属感）は、会員が置かれている状況、入会してからの期間によって、刺激するポイントが変わります。それに合わせてどう活用すればいいのか、見てみましょう。

入会して間もない会員に対して

入会して間もない会員は、まだまだわからないことだらけです。また新入会員は、コミュニティの中で孤立しがちです。

入会して間もない場合は、スクール内の仕組み、施設のことなどわからないことばかりなので、講師だけでなく、受付スタッフも積極的に声かけをして、不安をなくすことから始めます。

数回通うと、何らかの上達が見えてきます。講師は、「会員は必ず上達する」ことを信じて、どんな小さな変化も見逃さず、キャッチしてください。そして、それを必ず会員に伝えてください。

「○○さん、コツをつかんできましたね！」

「○○さん、そうです！　その△△がポイントなんです。素晴らしいです」

「○○さん、上達が早いですね！　こんなに早く覚えられる人はそうそういませんよ！」

などと声をかけながら、まずは有能感を刺激します。

そうすると会員は、「私、できてる！」「あ、こうやってやればいいんだ！」「よーし、がんばるぞ！」

というポジティブな感情を抱くようになり、やる気がアップしていきます。

自分が担当している会員が上達している変化を感じると、講師自身も自分の有能感を感じることができます。指導方法への自信が増したり、会員とコミュニケーションをとることも楽しくなってきます。

ぜひ、会員のよい変化を見逃さず、会員にフィードバックする習慣を定着させましょう。

慣れてきた会員に対して

「自分が選んでこのスクールに通っているんだ」ということを会員に再認識させましょう。

「自分が主体的に通っているんだ」ということを認識することは、「自分は何の目的でこのスクールに入会したのか？」「どんな苦手を克服したかったのか？」「ゴールはどうなりたいと思っているのか」という、本来の目的を再確認させることになり、それが自立感を抱かせるのです。

例えば、「○○さんの入会当初の目標は□□でしたね。現状はどうですか？」というように、本来の目的を確認できるよう、会員それぞれに合った質問を投げかけ、スクールに通っている目的、メリットを確認し、自立感を抱かせましょう。

9 会員の常連化はスタッフのやる気しだい

会員がスクールに馴染んで、スクールに通うことが習慣化した段階に入ると、スタッフのほうから過度のコミュニケーションをとる必要はなくなります。

なぜなら、スクールに通うことが習慣化した会員は、会員の中で友人ができているので会員同士のコミュニケーションが増えますし、スタッフに対しては会員のほうから積極的に話しかけてくれるようになるからです。

また、そうなった会員は、知人・友人を紹介してくれるようにもなります。ここまでくると、会員はまずやめることはありません。

さて、ここまで会員のやる気を上昇させるための方法論をお伝えしてきましたが、みなさんのスクールのスタッフに実践してもらうことはできそうですか?

声かけひとつとっても、「会員のレベルに合わせて」「タイミングを見計らって」など、ポイントを押さえて行なうとなると、スタッフの意識レベルを上げる必要があります。

「そんな簡単にはいかないよ」という声が聞こえてきそうです。私が指導していたスポーツクラブもそうだったからよくわかります。実践してもらうのは大変なことです。

では、スタッフができないと感じる理由は何でしょうか？　スキルの問題でしょうか？

いいえ、スキルではありません。実はスタッフのやる気にあるのです。やる気がなければ、積極的に会員と関わろうという気持ちはわきませんし、必要以上のことをしようとしません。言われたこと、指示されたこと以外はやりません。

しかし、これでは、会員にとっても、スクールにとってもマイナスです。

スタッフが主体性を持って会員と関わっていくことが、会員の満足度を上げ、安定したスクール経営にもつながるので、スタッフのやる気を上げることが、会員のやる気を上げることに大きく影響するのです。

次章では、スタッフのやる気がわいてくるようにするにはどうすればいいのか、その教育方法をお伝えします。

5章

会員をやめさせないためのスタッフ教育

1 スクール運営の鍵は「スタッフ」にあり

▼常にソフトを更新しないと時代遅れになる

ビジネスは、「ハード」「システム」「ソフト」から成り立っていますが、スクールは人に依存しているビジネスなので、とくに「ソフト」が重要です。

ハードとシステムは、建物や器具などの部分に当たります。設備、固定資産とも言え、建物も器具も新しいほうがいいのは間違いありませんが、建て替えたり、入れ替えたりするのは簡単ではありません。後から気軽に変更できる部分ではないので、スクールを始めるときの計画が重要になります。

一方、ソフトとは、スクールのカリキュラムだったりスタッフだったり、ハードとシステムに乗っかっている部分を指します。

ソフトは、お金をそれほどかけなくてもバージョンアップできます。たとえて言うなら、パソコンやスマホでも外側のハード部分は変更せずに、中身のソフトを入れ替えることで、いろいろな働きをさせることができます。

むしろ、ソフト部分を常に新しいものに更新していかないと、時代遅れになったり、同じような働きをする別のソフトに役割を奪われてしまいます。ハードやシステムは長期的に使えるものですが、ソフトは短期の改良が常に必要な部分なのです。

ハード面でライバルのスクールと差をつけるには膨大なお金がかかりますが、ソフトであるスタッフは、適切な教育によって比較的ローコストでスキルを上げることができます。

▼優秀なスタッフは育てるもの

スクールビジネスでも、会員が飽きのこないようにカリキュラムを更新したり、スタッフの心がけを正したり、ソフト面の強化は常に必要です。

とくにスタッフの質がいいことは、スクールの一番のウリになります。スタッフの質のよさは、広告などでは伝えにくい部分ですが、会員の間で口コミで広まりやすいところでもあります。

スタッフ一人ひとりが会員と良質なコミュニケーションを保てば、会員の忠誠心は高まります。会員が気持ちよく通えるスクールは、自然に繁盛していくものなのです。

大切なのは人と人とのコミュニケーションなので、スクール運営を成功に導くための鍵は、スタッフにありと言えます。

とはいえ、はじめからすべての業務をそつなくこなせる優秀なスタッフは存在しません。**スタッフは即戦力を雇うのではなく、育てるもの**という意識を持っておくべきでしょう。

2 ワクワクドキドキのチームづくりのこんな方法

▼目標に向かってチームの結束を図る

最近はいろいろなビジネスで「オフサイトミーティング」が使われるようになってきました。オフサイトミーティングとは、職場以外の場所で会議を開くことですが、昔ながらの言葉で言うと〝研修〟です。例えば、郊外の古民家や温泉施設などにスタッフを集めて、業務上の課題などを話し合います。

では、なぜわざわざお金と時間をかけて、普段とは違う場所でミーティングを行なうのでしょうか?

職場のメンバーでひとつの目標を目指し、一丸となって進んでいくために、チームとしてまとめることを「チームビルディング」と言います。このチームビルディングの観点から言うと、オフサイトミーティングには、**「非日常の場で不安を共有させる」**という効果を期待できます。

チームビルディングでは、基本的に参加者が楽しみながら没頭できるアクティビティを行ないますが、この「楽しい」と「不安」はまったく異質なもののようで、実は非常に似ています。

例えば、海外旅行等の非日常体験はワクワクドキドキ、楽しいものです。オフサイトミーティングにも、日常のルーチンからはずれた不安のドキドキ感があります。日常とは違う環境に対応するために、体が反応するわけです。そして不安な状態であるからこそ、安心を求めてチームが協力し、結束するのです。

▼自然な自己開示で仲間意識が高まる

通常のオフサイトミーティングでは、顕著に「不安」を感じることはないはずです。しかし、環境の変化による感情の変化は明らかにあります。

あえてペースを崩す、ルーチンからはずれることがちょっとしたドキドキ感を生み出し、それが協力と結束の種となるのです。

例えば、**バーベキューや食事会なども効果的**です。食事をするという非常に無防備な状態をさらけ出すことによって一種の自己開示となり、お互いの仲間意識が高まります。ただ食事をするだけなので、誰も意識することのないままに楽しい雰囲気の中で自然に自己開示が行なわれ、チームの関係づくりのきっかけとなるのです。

施設のスタッフ育成にも、このオフサイトミーティングは有効活用できます。私自身も招かれて、いろいろなオフサイトミーティングで講演をしたりすることがありますが、通常の会場で行なう講演よりも意識や反応が高く、質問・意見なども活発に飛び交います。

スタッフの意識改革と団結力アップに、このオフサイトミーティングを取り入れることを検討してみてもいいでしょう。いつもと違う場所でミーティングをすることが重要なのです。

みんなでオリエンテーリングをやると、チームワークを育てるのに有効だということがわかっています。これも非日常の環境で仲間との協力が必要だからです。

▼ワクワクドキドキが団結力を生む

とくに接客業の場合は、ルーチンワークになっていることがよくないのです。いろいろな業務システムやテストも、決められたことを継続してやることにはなるのですが、決まったこととしてやっていくのがよくないのです。

それが会員のモチベーションを上げる仕組みだったとしても、スタッフにとって日常になってしまうと流れ作業になり、ワクワクドキドキすることがなくなり、モチベーションが上がらなくなる。これが問題なのです。

私のスイミング教室でも、イベントとしてサマーキャンプやスキー合宿などを行ないますが、これは子供たちにとってもワクワクドキドキすることですが、スタッフにとっても団結力アップに大変有効です。

日常と全然違う場所で子供たちを管理することから結束力が生まれ、いつもと違う意識が働くようになるのです。

5-1 スクール会員向けスキーツアー企画

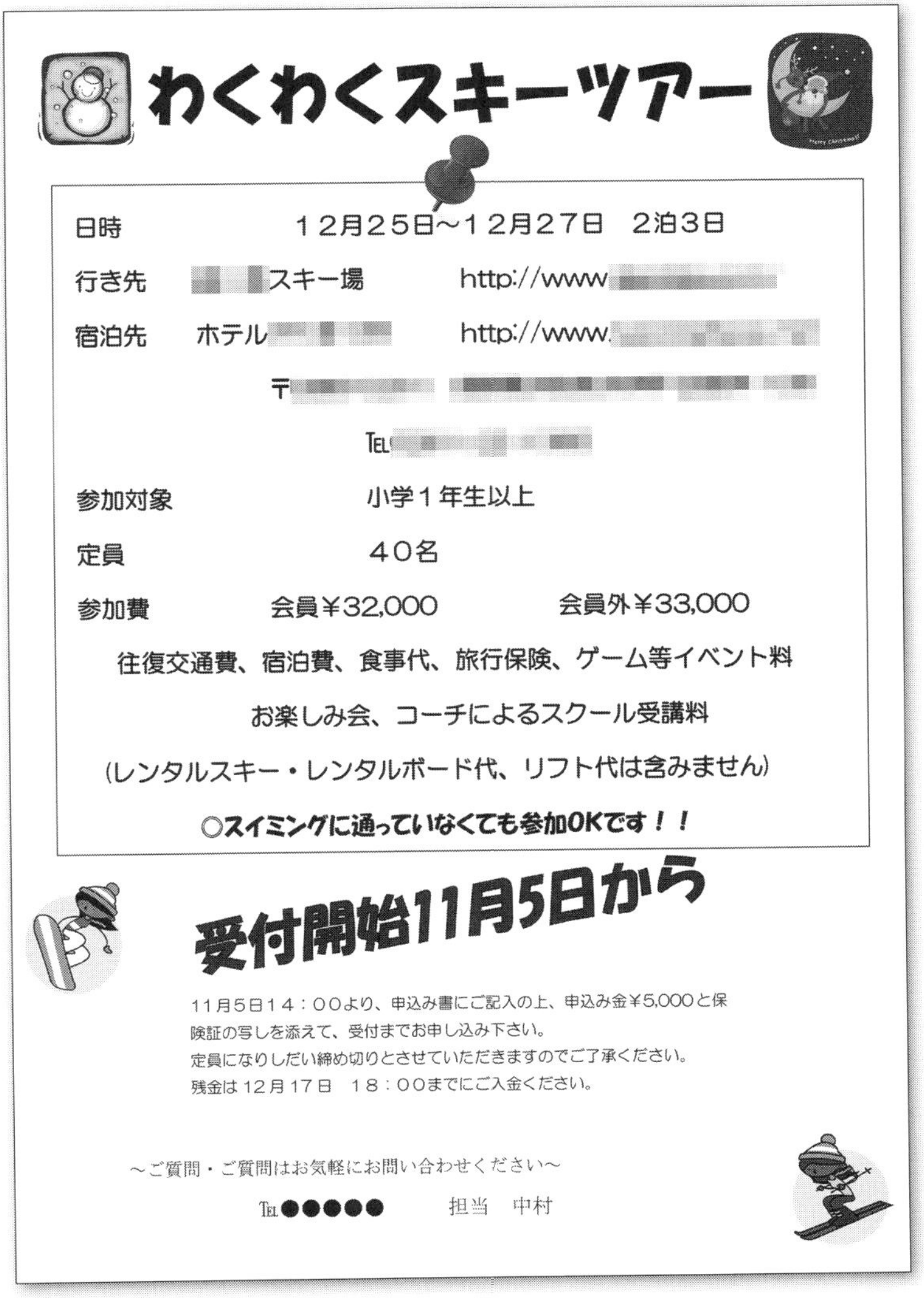

わくわくスキーツアー

日時　　12月25日～12月27日　2泊3日

行き先　[redacted]スキー場　http://www[redacted]

宿泊先　ホテル[redacted]　http://www.[redacted]

〒[redacted]

TEL[redacted]

参加対象　小学1年生以上

定員　40名

参加費　会員￥32,000　会員外￥33,000

往復交通費、宿泊費、食事代、旅行保険、ゲーム等イベント料

お楽しみ会、コーチによるスクール受講料

(レンタルスキー・レンタルボード代、リフト代は含みません)

○スイミングに通っていなくても参加OKです！！

受付開始11月5日から

11月5日14：00より、申込み書にご記入の上、申込み金￥5,000と保険証の写しを添えて、受付までお申し込み下さい。
定員になりしだい締め切りとさせていただきますのでご了承ください。
残金は12月17日　18：00までにご入金ください。

～ご質問・ご質問はお気軽にお問い合わせください～

TEL●●●●●　　担当　中村

3 マネージャーに大切な能力とは

▼スクール・マネージャーに必要な能力とは

組織を管理する立場として、マネージャーに一般的に必要とされるスキルは、ドラッカーをはじめとするビジネス書でたくさん紹介されています。それらに書かれていることを抜き出してみると、マネージャーに求められる能力は次のようにまとめられます。

- **目標設定能力**
- **体系化する能力**
- **評価、測定する能力**
- **人を育てる能力**

どうでしょう。納得できるものばかりではないでしょうか。これらはマネージャーとして最低限必要な能力です。

そして、スクールビジネスにおけるマネージャーには、もうひとつ別の能力が求められると私は考えています。それは、**「人に対して、とことん興味・関心を持つ能力」**です。商品として「物品」をあつかわない、完全に人対人の商売であるスクールビジネスにおいて、この能力はかなり重要であると言えます。ある意味、これは素養、才能のようなものでもあるかもしれません。

▼プライド・こだわりの強いスタッフをまとめる力

自分が好意を抱いている人や尊敬している人に対しては、誰でも興味・関心を持ちます。しかし、家族でも友人でもない赤の他人に対してとことん興味を持つのは、普通の人にはなかなかできません。例えば、あなたはともに働くスタッフや講師に対して、「この人はどんな考え方をしているのだろう」「この人はなぜこの仕事をしているのだろう」「この人の人生の目標や将来の夢は何だろう」といった関心を抱くことができるでしょうか。

スクールビジネスのマネージャー職には、このような周りの人への興味・関心を持ち続けることが求められるのです。他人への興味を深く持つことで、マネージャーは自然と「聞き上手」になります。そして深く関心を持って話を聞くことで、スタッフや講師のいいところ、つまりウリを発見しやすくなるのです。

スクールビジネスで働くスタッフは、多くの場合、「講師」や「コーチ」という立場に置かれています。つまり何らかの能力を備えて教える立場であることが多いのです。私自身も実感していますが、そこに集まっているスタッフはそれなりにプライドが高く、こだわりが強い人間が多いと感じます。こうしたスタッフをまとめ上げていくために、マネージャーは「聞き上手」になり、講師のいい部分を伸ばし、スクール全体の品質を向上させていかなくてはなりません。

4 講師・インストラクターに大切なスキル

▼カウンセリングで当初の目的を思い出させる

講師やインストラクターに求められるスキルも考えてみましょう。よく言われるのが、**カウンセリング能力**です。親身になって生徒や会員の話を聴いて、悩みや困っていることを汲み上げる能力です。

講師、インストラクターは、会員に教えたり説明したりする役割ですが、それだけではダメだと私は考えています。もう一歩踏み込んで、相手の話をしっかり聴くこと、そのうえで悩んでいること、困っていることの原因を突き止めて、**一緒に解決するための方法を考えてあげる**ことが大切です。

医療や診療におけるカウンセリングではなく、スクールビジネスにおける講師やインストラクターに必要とされるカウンセリング能力は、ただ相手の話を聴くだけでなく、**相手を本来の目的に立ち返らせる**スキルが重要です。その人が入会時に掲げていた目標を再確認してもらうことが大事なのです。ほとんどの人はスクールへ通い始めた動機や目的を、通っているうちに見失ってしまうものです。目的を見失ってしまうから、スクール通いが長続きしないのです。

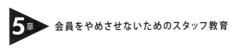

講師、インストラクターは、会員一人ひとりに本来の目的を思い出してもらいつつ、次の新しい目的を設定してあげることが重要です。そのために一方的に教えるだけでなく、相手の話を聴く姿勢が求められるのです。

▼名選手すなわち名講師ではない

もちろんコーチングの能力も重要です。ひと口にコーチングと言っても、傾聴、質問、承認、提案など、様々なスキルがあります。とくに注意したいのは、講師やインストラクターは、先生という立場で教えること、つまり**ティーチングに偏ってしまいがちな傾向にある**ということです。

コーチングにおいて大事なことに、次の3つの姿勢があります。**「相手を信じる」こと、「相手を受け入れる」こと、そして「相手に共感する」こと**です。

一方的に教える姿勢だけでは、会員の心をつかむことはできません。

私がよく感じるのは、スポーツの分野で現役時代にすごい実績を持っている人が、講師やインストラクターに必ずしも向いているわけではないということです。むしろ人気のある講師やインストラクターは、現役時代にはめぼしい実績がない人のほうが多いものです。

相手の気持ちを汲み取る能力というのは、その競技が得意であることとは別の能力です。

あの先生は、「よく話を聴いてくれる」「親身になって相談に乗ってくれる」「すごく子供の気持ちがわかる」、そういった印象を会員に与えることができなければ、いい講師とは言えません。

5 スタッフのコミュニケーション能力に注目する

▼プール監視員のさりげない声かけ

講師やインストラクター以外のスタッフや、受付フロントスタッフにもとても大切な役割があります。スタッフは、講師やインストラクターにはできないことができる立場にいます。

会員にとって「先生」である講師やインストラクターにはなかなか言えないことも、受付のスタッフなどには話してくれる場合があります。講師本人に言いづらいことは、講師以外のスタッフが吸収できるよう、コミュニケーション方法を工夫しましょう。

私が体験した事例を紹介しましょう。スポーツクラブのプール監視員による、会員への声かけの例です。

ある会員は、普段はすいている時間帯に泳ぎに来ていたので、プールを1コースほぼ貸し切り状態で使えました。普段から長い距離を泳ぐほうなので、貸し切り状態で使える時間帯を選んで通っていたのです。

ところがある日、いつもと違う時間帯に来たため、プールが混雑してコースが埋まっていて、普段のように泳ぐことができないことがありました。その会員はサウナやジャグジーで時間をつぶしてコースが空くのを待っていたのですが、なかなか空きません。

結局、その日は泳がずに帰ろうとしたところ、その様子を見ていたプール監視員が、「今日はいつもと違う時間だったので1コース貸し切りで泳げませんでしたね」といった声かけを自発的に行なったのです。

▼スタッフの気づかいが会員のロイヤルティを上げる

監視員のこのひと言があったことで、会員は、「ちゃんと私のことを覚えてくれているな」「違う時間に来たこともわかってくれているな」という気持ちになれたそうです。

思うように泳げずに不満足のまま帰ることになりそうだった気持ちが、幾分かでも和らいだに違いありません。

このようにスクールでは、コーチだけでなく、スタッフのちょっとした気づかいにより、会員の満足度を大きく上げることができます。スタッフの、いつも会員を気にかけている、そして何気ない声かけが会員のロイヤルティ向上に欠かせません。

プール監視員の役割はもちろん、会員の安全第一ですが、会員の行動や思考、普段どういうふうに施設を利用しているかを把握していると、適切な声かけをすることができ、それが顧客満足を維持させることにつながるのです。

6 フロントスタッフだからこそできる大切な役割

▼やる気を高めるスタッフの声かけ

受付担当、フロントスタッフは、講師ではないので技術に関するアドバイスはできません。しかし、素人だからこそ会員に優越感を与えられ、会員の「有能感」「自立感」「帰属感」を高められることがあります。

会員がスクールに通って上達してくると、誰かにその成果を認めてもらいたくなりますが、そんなときに、フロントスタッフが「私にも教えてください」「○○さん、すごいですね」と言って話しかけるだけで、会員は優越感を持つことができます。

会員としては、自分が教える側に近づくような感じになれるのです。

たわいもない会話で軽口のようなものですが、会話をするというコミュニケーション自体が大切なことであり、こうしたスタンスで接していると、会員もやる気になってくれるのです。

▼達人のコミュニケーション術

私がまだコンサルタントとして駆け出しの頃、スポーツクラブのコンサルティングをしている方に弟子入りをしました。私にとって、いわば師匠とも言うべき存在です。

弟子入りした当初は、鞄持ちとして仕事だけでなく、プライベートでも同行して一緒の時間を過ごしていました。

この師匠はコミュニケーションの達人とも言うべき人物で、まだ若かった私はずいぶん勉強させてもらいました。

例えば散髪中に美容師さんにシャンプーしてもらうとき、必ず「どこかかゆいところはありますか?」と聞かれると思います。たいていの人は、「いいえ、大丈夫です」「ありません」などと答えてしまうでしょう。私もそうでした。

ところが師匠は、「あー後頭部が少しかゆいわ」「もうちょっと下のほう」「あっ、少し上」「あっ、そこそこ」「もうちょっと強く」「ああすっきりしたわ。ありがとう」などと細かくリクエストして、必ずかゆいところを掻いてもらっていたのです。

つねづね不思議に思っていた私は、あるとき「いつも本当にかゆいのですか」と聞いてみました。すると、「そんなことあるかい。でもせっかく向こうが聞いてきてくれてるんだから、コミュニケーションをとってあげないとかわいそうやろ」と言うのです。

師匠は大阪出身で誰とでもすぐに打ち解けるタイプではありましたが、この出来事は今でも鮮明に覚えています。

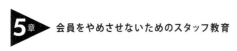

▼会員の生の声を講座に活かす

フロントスタッフは、ともすると入館・退館の管理をするだけの仕事になってしまいがちですが、それだけではもったいないでしょう。そこで会員と積極的にコミュニケーションをとってもらうことが、施設として大きなメリットになります。

フロントスタッフは、会員が講師に面と向かって言いにくいことでも知ることができ、聴き出すことができる立場です。

会員は、講座に対して不満や疑問があっても、なかなか講師には直接言えないものです。また、会員自らがフロントスタッフに声をかけることも、普通であればあまりないでしょう。

ですから会員に対して声をかけやすい雰囲気を出しながら、フロントスタッフのほうから会員に積極的に声をかけ、「講師の評判」「教え方が上手い」「こういうところが嫌だ」など、何気ない会話から**講師や講座のことを聴き出し、その声をフィードバックして講座に反映させていく**役割があるのです。

7 任せることでスタッフが育つ

▼マネージャーとしての職責

スクールの管理者は、時間が足りないときはすべてを自分で行なおうとせず、人に任せるということも考えなくてはなりません。マネージャーに必ず求められる能力のひとつです。

人に任せることをデリゲーション（委任、委託）と言います。家庭でも職場でも、人に仕事を委ねれば、自分のエネルギーや時間を他の活動に注ぐことができます。

ただ、人に任せることは案外むずかしく、できない人も多いのです。

人に任せるには準備や指示が面倒ですし、進捗も気になります、任せた相手からの質問がうるさい、結果が自分のイメージと異なるなど、うっとうしい理由もいろいろあるでしょう。

しかし、こういう人はデリゲーションが下手なのだということを認識しなくてはなりません。

人にうまく任せられない結果、すべてを自分で抱え込んでしまい、膨大な重荷を背負ってしまうことになります。これではマネージャーとしては有能とは言えません。

マネージャーとしてだけでなく、自分の時間を使って行動するときは、まず効率を考えます。

しかし、人に任せる場合は、**効果を考えることが重要**です。相手にどう動いてもらえば、もっとも成果が大きくなるかを意識することがポイントです。

そのためには、相手の自覚、想像力、良心、意志を尊重して任せるといいでしょう。**手段は相手に任せ、結果に責任を問う**やり方です。

▼人に任せるときの5つの確認

大ベストセラー『7つの習慣』の著者スティーブン・コヴィーは、人に仕事を任せる際には、以下の5つのことを事前に伝え、話し合っておくべきだと説いています。

①望む結果
②ガイドライン
③リソース
④アカウンタビリティ（評価についての説明責任）
⑤評価を具体的にしておく

①は任せた結果、何を達成したいのか、その仕事の目的を明確にしておきます。
②は守るべき基準やルール、仕事の進め方で注意すべき点を伝えます。
③は職務の達成のために使える人員、資金、技術、組織など、利用できるリソースの範囲をしっかりと理解してもらいます。
④は成果を評価する基準や進捗の報告を求める時期、評価を行なう時期など、評価基準や進捗

管理を前もって説明しておきます。

⑤は評価の内容です。どのような評価が下る可能性があるか、いいことも悪いことも先に知っておいてもらうのです。

これらを明確にすれば、人は任せた人を信頼し、自分が考える最良の方法で成果を目指します。そして結果に対して責任を持ち、成長のきっかけをつかむことができるのです。

▼「任せて任さず」

こうしたことを事前に話しておく意味は、**なぜ任せるのかを明確にして、任せた結果を評価につなげる**ということを事前に知っておいてもらうためです。それを前提としていなければ、任せる意味がありません。

任せるということにはリスクがあり、任せたからには進捗を管理して、結果、任せてよかったかどうか判断しなければならないのです。任せっぱなしではダメなのです。

松下幸之助氏に「任せて任さず」という有名な言葉がありますが、任せるということは大変むずかしいことです。

例えば、任せっぱなしだと、部下から仕事が上がってきたときに、「えっ、そんなふうに頼んでないよ」ということにもなりかねませんし、それでは進捗を管理しているとは言えず、部下に対しての評価を正当にできているとは言えません。

8 アルバイトスタッフを戦力化する

▼アルバイトの熱意が会員獲得につながる

スポーツクラブなどの「教養・技能教授業」というのは、フロントスタッフや講師も含め、半分以上が個人事業主やパート・アルバイト、派遣スタッフといった雇用形態です。

アルバイトスタッフは受け身の姿勢で働く人も多いのですが、やる気のある人もおり、彼らをいかに戦力化するかが施設の雰囲気づくりのポイントとなります。活気のある施設になるかどうかは、アルバイトスタッフのやる気に左右されると言っても過言ではありません。

やる気を持ったアルバイトスタッフのほうが、講師より活躍することも多くあるのです。

春休みや夏休みに子供向けの短期集中教室を開くことがありますが、こういった短期集中の講座から通常コースへの入会勧誘は、新規会員獲得の王道パターンと言えます。

その勧誘の際、熟練講師などもいる中で、新人のアルバイトが入会率トップだったことが何回もありました。これはやはり、本人が一生懸命やってくれているからなのです。アルバイト本人のモチベーションが高い状態なので、勧誘されている側もすごく応援したくなるし、誠意が伝わります。

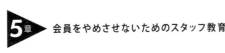

新人のアルバイトの場合、コーチングなどの指導スキルは高くなく、むしろ拙いことのほうが多いでしょう。ただ熱意を持って仕事に取り組んでくれるので、その熱意が子供たち、親御さんたちにも自然と伝わって、会員獲得へとつながるケースがあります。

▼アルバイトのほうが勝っている理由

将来はオリンピック選手に育ってほしい、プロ選手になってもらいたい、といった大望を持ってスクールに入会させる親御さんは、圧倒的に少数派です。

スイミングスクールであれば、多くの親御さんは、「うちの子は泳ぐのが苦手なので少しでも泳げるようになってもらいたい」「子供の頃に何か体を動かすことを経験させたい」といった動機でスクールに通わせます。

そういったとき、自分も子供の頃は泳ぐのが苦手だったというコーチのほうが、苦手な子供の気持ちがわかり、より親身になって指導できることもあります。現役時代に活躍した水泳選手だったコーチが、入会率トップをとることはほとんどありません。

新人のアルバイトのほうがお客様に近い立場にいることが多いのです。ですから短期集中教室などは、講師未経験のアルバイトでも、熱意を持った人に任せたほうがいい場合もあります。

もちろん、インストラクターや講師には、一定水準以上のコーチング技能が必要ですが、**一生懸命やっているという熱意が成果につながる**ことは多いと感じています。とくに子供の習い事などの場合は、親御さんの信頼を勝ち得るためには、インストラクターの人柄が重要です。

▼正社員もアルバイトも同じ戦力

私自身が関わったスクールビジネスで、とても大変だった印象のある施設があります。

その施設にはオープン2ヵ月前に呼ばれて行ったのですが、採用予定のスタッフが急遽辞退するなどのトラブルがあり、10名は必要なはずのスタッフが、アルバイトスタッフ2名しかいない状況でした。新たに求人と採用を行ないましたが、オープンまで時間がありません。

私がすべてのスタッフを教育、研修する必要があったのですが、どう考えても間に合わなかったため、ひととおりの研修を終えたばかりの2名のアルバイトスタッフにも、急遽教育のサポートをしてもらいました。

研修対象には正社員のスタッフもいたので、アルバイトスタッフの2名からしたら、「えっ、私がやるんですか?」という戸惑った反応でした。

しかし、アルバイトスタッフも、人に教えることで自分自身の理解度も深まり、どんどん積極的に教育に参加してくれるようになりました。

正社員、アルバイトというのは単なる雇用形態の違いにすぎません。スタッフであれば、みな同じ戦力として活躍してもらおうと実感した現場でした。

9 助成金で経費削減できるスタッフ教育

▼スタッフ教育に公的資金を活用する

スタッフ教育と言っても、現実には簡単ではありません。人材育成にはお金と時間が必要です。そこで国が用意している枠組みを活用することで、コストを抑えつつ、スタッフのスキルアップを図りましょう。

その枠組みが厚生労働省の**「キャリアアップ助成金」**で、中でも「人材育成コース」が対象となります。助成金の仕組みについてはひと口では説明できないので、ここではキャリアアップ助成金の人材育成コースの概要を簡単に述べるに留めます。

▼「キャリアアップ助成金」制度の概要

キャリアアップ助成金の人材育成コースとは、有期契約の人に職業訓練を実施した際に、事業者が受給できる助成金です。

有期契約とは、契約社員やパート・アルバイトといった人たちです。こういった人たちを対象とした職業訓練を実施した場合、研修講師を外部から招いた費用など、経費助成が最大1名当たり30万円（企業規模や研修時間によって変わります）まで、年間で1事業所５００万円まで受給できます。

最近は研修でこの制度を使っているスクールも多く、私自身も外部講師として招かれて講演をすることがあります。社内研修はどこのスクールでも行なっているとは思いますが、その際、キャリアのある先輩社員や幹部社員が講師役を務めることが多くなります。そうすると、研修をやる側の時間も取られて余計なコストがかかるわけです。

助成金を利用すると、こういった見えない支出を抑えることができるうえ、外部講師によるコーチングスキル、コミュニケーションスキルを伸ばすためのスタッフ研修が行なえるので、非常に効率的と言えます。

さらにはアルバイトから契約社員、契約社員から正社員といったようにスタッフの雇用形態を変更した場合にも、「正規雇用等転換コース」の助成金を受給できます。

「がんばれば正社員になれる」というのは、スタッフのモチベーションを高める効果があります。

大手のスポーツクラブの正社員でも、平均在職年数は10年未満という現状で、スクールビジネスではアルバイトスタッフをいかに戦力として活用できるかが重要な経営戦略となります。

そのためにはスタッフのやる気を育て、経費削減にもつながる助成金を活用して、経営を安定させましょう。

10 スタッフのやる気が会員を継続させる

▼「ベビーステップ」で適切な通過目標を設定する

会員をやめさせないために必要な、やる気を引き出すことができるのはスタッフだけです。そのスタッフ自身が、自らの仕事に対するやる気が高くなければ、会員のやる気を引き上げることは到底できません。

日産自動車の業績をV字回復させた立役者として有名なカルロス・ゴーン氏は、「モチベーションへの投資こそ最大の投資である」と言います。従業員のやる気が会社の業績に直結する中で、意欲的に働ける環境づくりは不可欠になっています。

スタッフのモチベーションを維持・向上させるために、**努力すれば達成可能な通過目標をどれだけ具体的にきめ細かく設定できるか**、これもマネージャーの重要な役割となります。

そのためには会員の達成目標だけでなく、スタッフにも**「ベビーステップ」**と呼ばれるアプローチが効果的です。

赤ちゃんは、生後しばらくすると、ハイハイができるようになります。そうすると親としては、

「ハイハイできたねぇ〜、かわいいねぇ〜」と言ってほめます。

でも、ほめるだけではありません。ひとつの目標が達成できたら、すかさずそれを認め、「こんどはたっちだねぇ！」とさらに次の通過目標を設定するわけです。

「立てたねぇ〜、すごいねぇ〜、がんばったね〜、お利口さんねぇ〜、こんどはあんよだね〜」というわけです。

これが「ベビーステップ」です。

しかし現実には、「ハイハイできた？　それじゃ、次は100mを走ってくれ！」というような無理な注文をしている場合が多いのです。

管理職として、業務内容をしっかり理解する、そしてスタッフにとって、どの業務、どのスキルが次の通過目標としてふさわしいかを把握しておくことが重要になります。

過度の期待は、部下を潰すことにもなりかねません。

▼段階を跳び越えてしまった私の後悔

私は20代から複数のスポーツクラブを管理する立場を経験してきましたが、スタッフへのモチベーションに関しては常に注意を払ってきました。うまくいったこともありますが、失敗したこともあります。

スイミングスクールのコーチをしていた当時、非常に優秀なスタッフがいました。現場での指導が抜群にうまいコーチでした。

そのコーチは施設管理やスタッフ教育は苦手のようで、長年、ずっと管理職になることなく、コーチのままでした。ですが、その状態でコーチとしての業務を担当しているだけでは会社も困ってしまうので、私は施設の管理者を任せることにしました。

しかし、管理者になったとたん、モチベーションががくっと落ちてしまいました。

「販売促進」「売上げ・経費管理」「キャンペーン・イベント企画」「スタッフ採用」「シフト管理」などなど、一気に管理者としての業務が増えてしまったせいです。

彼がいきいきと活躍していた、指導の時間が減ってしまったのも大きかったことでしょう。

当時はスタッフの余裕がなかったということもありますが、今思えば、そのコーチの指導のよさを活かすために、まずはスタッフの教育責任者にするなどの段階を踏んでいれば、モチベーションの低下は避けることができたと思います。

11 スタッフにとっての本当の「ご褒美」とは

▼現役日本画家のアルバイト志望理由

報酬はやる気を引き出す大切な要素のひとつです。働いていることで給料をもらっているのですから、その額が多いに越したことはありません。

ただ、スタッフのやる気を引き出すのはお金だけではありません。いわゆる「やりがい」を感じさせることで、スタッフのモチベーションを高めることができるのです。

スクールビジネスは、「教養・技能教授業」に分類されます。人に何かを教えて、その人を成長させたり手助けしたりするのは、非常に価値のある仕事です。

人の役に立っていること、人の成長を手助けして「ありがとう」と感謝されることは、充実感を味わえるものです。これだけでも大きな「やりがい」ではあるのですが、とくにアルバイトスタッフにとっては、もっと大きなご褒美が隠されていると私は考えています。

以前、私がスイミングスクールのマネージャーをしているとき、ある美大生がアルバイトの面接にやってきました。その学生の志望理由が非常に興味深いものだったのです。

彼女は、「将来的には画家としてやっていきたいと思っているが、長い目で見ると、絵画教室や造形教室を開いて子供たちに教えることもしたい」と言うのです。「子供が大好きで、スイミングスクールのアルバイトをして、人前で話をすることがいい経験になるはずだ」とも言っていました。

その学生は今、日本画家として毎年個展を開いたりするなど大活躍しています。

▼お金よりもっともっと有益なご褒美

アルバイトとはいえ、「人に教える」というのは人生において非常に貴重な体験です。誰もが経験できることではありません。

時給だけを比べるなら、パチンコ店や居酒屋でアルバイトするほうが効率はいいでしょう。しかし、スクールビジネスは人に教えるという社会経験が積める場です。このことを理解して働いているスタッフは、意外と少ないのです。私はアルバイトスタッフに対して、「人に教える」経験は、将来必ず役に立つと気づかせるようにしています。

学生であれば、短期的には就職活動中の自己アピール、プレゼンテーションにも応用できるでしょうし、将来的に部下を抱える立場になったときも、スクールビジネスでの経験が必ず活きるはずです。

卒業するとスクールビジネスの仕事から離れ、違う業種に就職する学生スタッフも多いのですが、必ずこの部分は理解してもらうようにしています。

スクールビジネスでのアルバイト経験が、将来必ず役に立つことを理解してもらえれば、スタッフのモチベーションを保つことができます。

実際に私の下で働いていたアルバイトスタッフは、別の業種でも有名な企業に就職している学生が多いのです。

ありがたいことに、今でも年に1度くらいはアルバイトのOB会などに呼ばれ、当時の思い出を語り合ったりもします。その際の会計は、当然、私持ちということになるのですが。

スタッフのやる気は「感情」と「メリット」で左右されます。スタッフにとって本当のご褒美は、スクールでの経験そのものです。

スクールビジネスは貴重な社会経験を積める場であるということを、ぜひ理解してもらうようにしましょう。

6章

やめた会員を呼び戻そう

1 やめた会員を呼び戻せるだろうか？

▼退会理由を調べてみよう

一度やめてしまった会員を呼び戻すことは簡単ではありません。スクールの商圏は小さく、限定的です。遠方のお客様がわざわざ通うというケースは、よほど講座内容に独自性や魅力がない限りあり得ません。

そんな狭い商圏内で、せっかくスクールに興味を持って一度は会員になったことがある人に対して、何もアプローチしないでいるのはもったいないことです。無理のない範囲で呼び戻しのアプローチをかけてみるべきでしょう。

ほとんどのスクールでは、退会する会員に対してアンケートへの記入をお願いしているはずです。再度、会員になってもらうためには、まずは**アンケートで退会理由を調べてみる**ことから始めましょう。

もしアンケートをとっていない場合は、応対したスタッフが退会当時の会員の様子をしっかりと把握しておく必要があります。

▼会員には再入会したい気持ちがある

1章でお伝えしたように、退会の理由で多いのは、「忙しくなったから通えない（時間が合わなくなった）」「家庭、仕事の都合（転居や病気といった環境の変化）」「通うのが面倒になった」といったことです。

しかし、表向きの理由はこうでも、本当の理由は別にあることが多く、「相性のよくない会員がいる」「最初は優しかったトレーナーが、新しい会員につきっきりになった」など、人間関係に原因がある場合が多々あります。

時間がたったことで、退会の理由が解消されている場合もあるので、DMや電話でイベントへのお誘いをするなど、再度アプローチしてみる価値は十分にあると言えます。

たとえ退会の理由が解消されたとしても、**自ら自発的に戻ってくる会員はまずいません。**再入会したい気持ちはあるけれど、一度やめてしまったので何となく気まずい、と思っている方がほとんどです。

DMや電話でのアプローチでその背中を上手に押してあげることで、いったんやめてしまった会員でも、再入会しやすくなるのです。

背中を押す時期ですが、やめた直後のアプローチでは効果はないので、早くても**退会後、2～3ヵ月以降が適切**でしょう。

2 効果的なDMの送り方

▼ほとんどコストゼロで募集できる

やめた会員を呼び戻すことは、集客コストで考えると非常に効率的です。

DMを送るにしても電話をかけるにしても、いろいろな媒体を使って新規に集客するよりも圧倒的に費用対効果が高いのです。

例えば、チラシで新規会員を募集する場合、3万枚配布したとして、見込まれる入会者は約50名です。成約率は0・16％、会員1名当たりの獲得コストは5000円前後です。

これに対して退会した会員の場合、住所や電話番号はわかっていますから、ピンポイントでアプローチすることができます。もちろん、百発百中とはいきませんが、まったくの新規会員を募集することに比べたら、費用はほとんどかからないのです。

▼退会後3ヵ月以上の元会員にカムバックキャンペーン

実際に退会した元会員に対して実施したDMの事例を見てみましょう。

左のDMは、やめてから3ヵ月～1年までのカルチャースクールの元会員に対して、カムバッ

6-1 カルチャーセンターのカムバックキャンペーンの事例

2014年の6月～12月まで通われていた方限定キャンペーン
このハガキをお持ちいただいた方に限り
入会金・事務手数料
無料
受講料だけで好きな講座をどれでも
今すぐに始めていただけます！
デトックスヨガ
火、水、木、土 3ヶ月
受講料13，900円
親子英会話
毎週水 3ヶ月
受講料13，900円
ストレッチポール
第2，4木 3ヶ月（6回）
受講料9，300円
その他講座多数ご用意しております。HPでも検索いただけます。
皆様のご来館を心よりお待ちいたしております。
スポーツ＆コミュニティ
URL

クキャンペーンとして送ったものです。

やめてから3ヵ月以上の会員を対象にした理由は、カルチャースクールの場合、**3ヵ月のタイミングで新規講座が始まる**ので、その情報も入れ、新しい講座に興味を持ってもらうためにちょうどいい期間だからです。その際、「新しい講座が始まりますので、ぜひお越しください」というメッセージを添えて送るといいでしょう。

やめてから3ヵ月~1年までの元会員1000人に対しDMを送付した結果、そのうち5名が再入会するということになりました。

成約率0・5%という数字は、新規集客のチラシでは絶対得られない反応率なので、やめた会員に対してのアプローチは非常に有効と言えます。

▼期間が空いてしまった人にはイベント情報を

やめてから1年以上の期間がたってしまった人には、イベント情報をDMするのが効果的です。この場合、「クリスマス会」「サマーキャンプ」「お祭り」「バザー会」「秋の感謝祭」など、スクールの内容とはまったく関係のないもので、足を運んでもらいやすいものを送るといいでしょう。

入会キャンペーンや、再入会キャンペーンの案内だと、まず来てもらえません。**講座とはまったく関係ないイベントから気軽に足を運んでもらい、少しでも接触を図る**ことで、スクールに近づいてもらうことが大事なのです。

6-2 イベントＤＭチラシの例

3 担当スタッフ以外でもできる電話アプローチ

▼私のアプローチ法

退会した会員を担当していなかったスタッフがアプローチする際には、実際に会っていないことを逆手にとってお願いすると、うまくいくケースがあります。

私がよくやっていた方法を紹介しましょう。

「○○さんですか、◇◇スクールの水藤です。こんにちは。今、○月に退会された方を対象にお電話しております。

退会された会員様に、当スクールのサービスについて、どうお感じだったのか、今後のサービス向上のために、いくつかご質問をさせていただき、お話をお伺いできればと思いますが、10分少々お時間頂戴できますか？」

とお伺いします。

「退会理由には△△と書かれていますが、もう少し具体的にお聞かせいただけますか？」

「よく参加した教室はありますか？」

「教室の中で何かお気づきの点はありましたか？」

「ありがとうございました。今〇〇キャンペーンをやっております。ぜひご案内をお送りさせていただきたいのですが、よろしいでしょうか？」

というように、ヒアリングしながらＤＭを送るようにしました。

▼アンケートの「退会理由」を糸口にする

電話をかけるときには、

「新しく担当になりまして、以前通われていた会員様のご意見を参考にさせていただき、今後のスクール運営のサービス向上に役立てたいと考えております。ぜひ、ご意見をお聞かせいただけませんでしょうか？」

といった言い方をします。その人のことを知らないからこそできるアプローチと言えます。退会者が通っていた当時のことを知らないスタッフだからこそ、率直に「なぜ通えなくなったのか」、その理由を聞くことができます。

「〇〇様の退会時のアンケートを拝見させていただきました。担当スタッフ（講師）より当時の状況も聞いております」

といった切り出し方もいいでしょう。

こういった電話の際は、前述したようにアンケートの退会理由を参考にします。アンケートはこういった電話のときにも重要な役割をはたします。

▼電話での話の流れ

「退会時のアンケートを見て電話させていただきました」

「○○の点がご満足いただけなかったようですが、今後、より会員様にご満足いただける施設運営をするために、○○様のご意見を参考にさせていただきたいと思います」

といったことを聞きながら、再入会について脈があるかどうか探っていきます。

このときには無理強いしないようにしましょう。すでに興味を失っている人の場合は、「キャンペーンの案内をダイレクトメールで送らせていただきます」といった程度で十分です。

「長く通っていただいた○○様のご意見から、ぜひ勉強させてください」といったふうに聞いていくうちに、「また入りたいと考えているんだよね～」というような言葉を引き出せれば大成功です。

電話で話ができたとしても再入会するケースは少ないですが、電話をする目的は「スクールをよりよくするためのヒアリングなのだ」と思い、連絡するといいでしょう。

講座には満足していたけれども、**やむを得ない理由（例えば、出産や引っ越しなど）でやめた会員については、講師からのアプローチが有効**です。

4 会員がまた通いたくなる特典のつけ方

▼「選ばれた方だけに送っています」

再入会してもらうために効果的なのが、「再入会限定プレゼント」などの特典をつけることです。例えばリスタートということで、週1×4回分のスタンプが貯まると、翌月の受講料が割引になるといった内容です。

かなりストレートな戦略ですが、それなりの効果は見込めます。再び通う気持ちのある会員にとっては、特典の内容そのものよりも、きっかけになる何かしらの理由づけがほしいものなのです。ですから、その**再入会したいという気持ちに対して、背中を押してあげるような特典**が効果的です。

さらに、限定感を醸し出すアプローチも有効です。

再入会を促す内容のダイレクトメールを作成する際に、「選ばれた方だけ、あなただけに送っています」といった感じを演出します。機械的に退会した人全員に送っていると感じられるような内容では効果はありません。

例えば、カルチャースクールであれば、ヨガ講座をやめた人限定にして、「新しくヨガ講座が増えました！」という内容のＤＭであれば有効でしょう。

友だち同士で入会して一方がやめたというケースであれば、これを機会に再入会するということも十分あり得るでしょう。

またスイミングスクールであれば、退会した2年生の小学生に限定して、「3年生以上向けの新しいカリキュラムができました！」という趣旨のＤＭも有効だと思います。

ＤＭはやめた人に一斉に送るのではなく、**対象を絞ったＤＭが有効**なのです。

▼効果が高かった退会期間限定のＤＭ

私がこれまで実際に送ったＤＭの中で効果が高かったものに、「２０○○年の○月から○月の間に退会された方限定でお送りしています」というふうに、退会期間を絞ったパターンのＤＭがあります。

ある意味では機械的な選択ではあるのですが、期間を限定することで全員に送っているわけではないことがわかります。

これはもともと、スポーツクラブの事務処理の都合で、誰にＤＭを送ったのかがわかるように顧客データの管理を目的として始めたのですが、効果測定がしやすいうえに、実際にやってみると普通のＤＭより反響が大きくて驚いたものです。

6-3 スタンプカードＤＭハガキの例

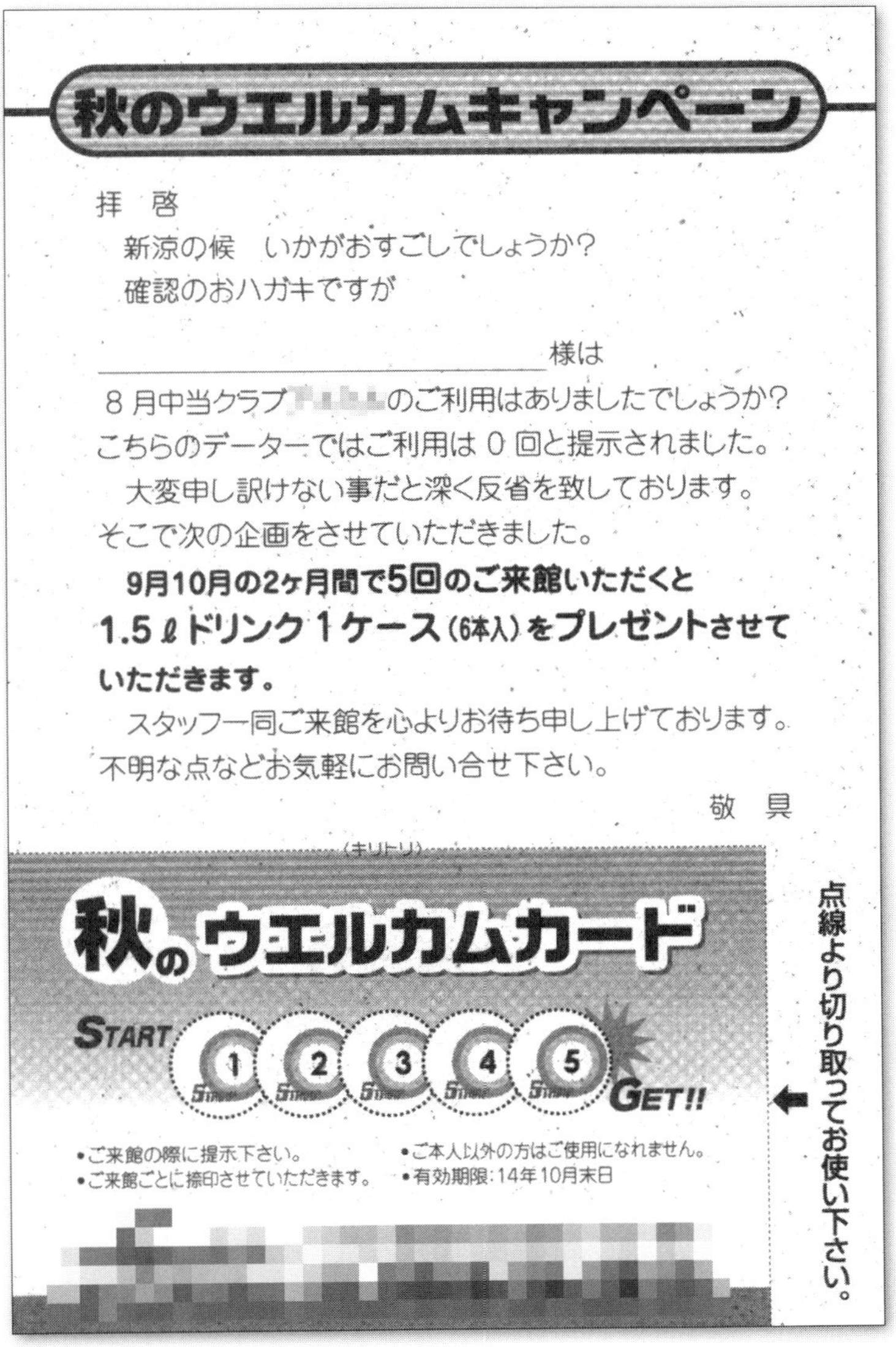

秋のウエルカムキャンペーン

拝　啓

新涼の候　いかがおすごしでしょうか？

確認のおハガキですが

＿＿＿＿＿＿＿＿＿＿＿＿様は

８月中当クラブ　のご利用はありましたでしょうか？

こちらのデーターではご利用は０回と提示されました。

大変申し訳けない事だと深く反省を致しております。

そこで次の企画をさせていただきました。

9月10月の2ヶ月間で5回のご来館いただくと

1.5ℓドリンク１ケース（6本入）をプレゼントさせていただきます。

スタッフ一同ご来館を心よりお待ち申し上げております。

不明な点などお気軽にお問い合せ下さい。

敬　具

（キリトリ）

•ご来館の際に提示下さい。
•ご来館ごとに捺印させていただきます。
•ご本人以外の方はご使用になれません。
•有効期限：14年10月末日

スポーツクラブのDMの事例

在籍しているものの、1ヵ月間の出席回数がゼロだった幽霊会員を対象に、ウェルカムキャンペーンを実施したことがあります。

前ページのようにハガキをスタンプカードにして、

「2ヵ月間で5回来館すると、ドリンクプレゼント！」

という特典を打ち出して再来館を促したのです。

するとゼロ回利用だった会員の50％が、ウェルカムキャンペーンをきっかけに通い始めてくれました。

ゼロ回利用のまま放っておいていたら、そのままやめてしまう会員なので、こういった企画でどんどん足を運んでもらうようにしましょう。

5 再入会率10％！一番効果的だったイベントとは

▼「会員様向けの感謝イベント」

私が実際に行なった中で一番効果的だったイベントでは、過去に会員だった方1000人にDMを送って、そのうち100人くらいの方が再入会されたことがありました。

もちろん、いつもこんなにうまくいくわけではありませんが、ここでその事例を紹介しましょう。

内容はスポーツクラブで「会員様向けの感謝イベント」を行なうといったものでした。催しとしては、フリーマーケットやスポーツドリンクの試飲会、さらに縁日のような模擬店もいくつか用意しました。

そこで、「現在の会員と過去に会員だった方全員に、会員向けの特別イベントがあります」というDMを送ったのです。

実際には会員以外の人が来てもまったくかまわないのですが、DMでは限定感を演出しました。

さらにハガキには、模擬店の500円分無料チケットをつけました。

このときの参加人数はすさまじく、そこで、「お待ちしておりました」「もう一度始めませんか」とお声かけした方のうち、約100人が戻ってきてくれました。

6-4 健康をテーマにした「新春ワハハＤＡＹ」のチラシ

▼再入会のきっかけをつくる

電話やDMだけではなかなか効果はありませんが、もう一度施設に足を運んでもらってコミュニケーションをとることができれば、「また始めてもいいよ」という人は確実にいます。

再入会したいという気持ちを持っている人に対して、**きっかけを与えてあげることが重要**なのです。

「サプリメントやドリンクの新製品のお試し会」「スポーツシューズのインソール作成のための足型測定」など、イベントのテーマいろいろありますが、内容自体はそれほど重要ではありません。

それよりも何かしら足を運んでもらうための仕掛けつくること。そして、イベントに来てくれた人と会って直接話し、コミュニケーションをとることが大事なのです。

6 会員同士のつながりを徹底的に活用しよう

▼仲のよかった会員に声をかけてもらおう

数は少ないですが、既存会員のコネクションを活用できることがあります。退会した会員と同じ講座に通っていて、仲がよかった既存会員の方の存在です。

そういった会員に機会を見て、「退会された○○さんと連絡をとられたりしますか」と切り出してみます。もちろん連絡をとっていないことも多いのですが、もし、まだ連絡し合っている場合は大きなチャンスです。

会員紹介キャンペーンなどで、紹介してくれた方にもメリットがある場合は、呼び戻せる可能性が高まります。既存会員としても、仲がよかった人にはまた戻ってきてほしいと思っているのです。

こういったつながりは徹底的に活用しましょう。こっちのスクールは退会したけれど、別のカルチャーセンターの習い事を一緒に受講しているというケースもあります。

こうしたことは普段から会員と頻繁にコミュニケーションをとることで、ふとした拍子にわかることもあります。

6-5　夏の紹介キャンペーンのチラシ

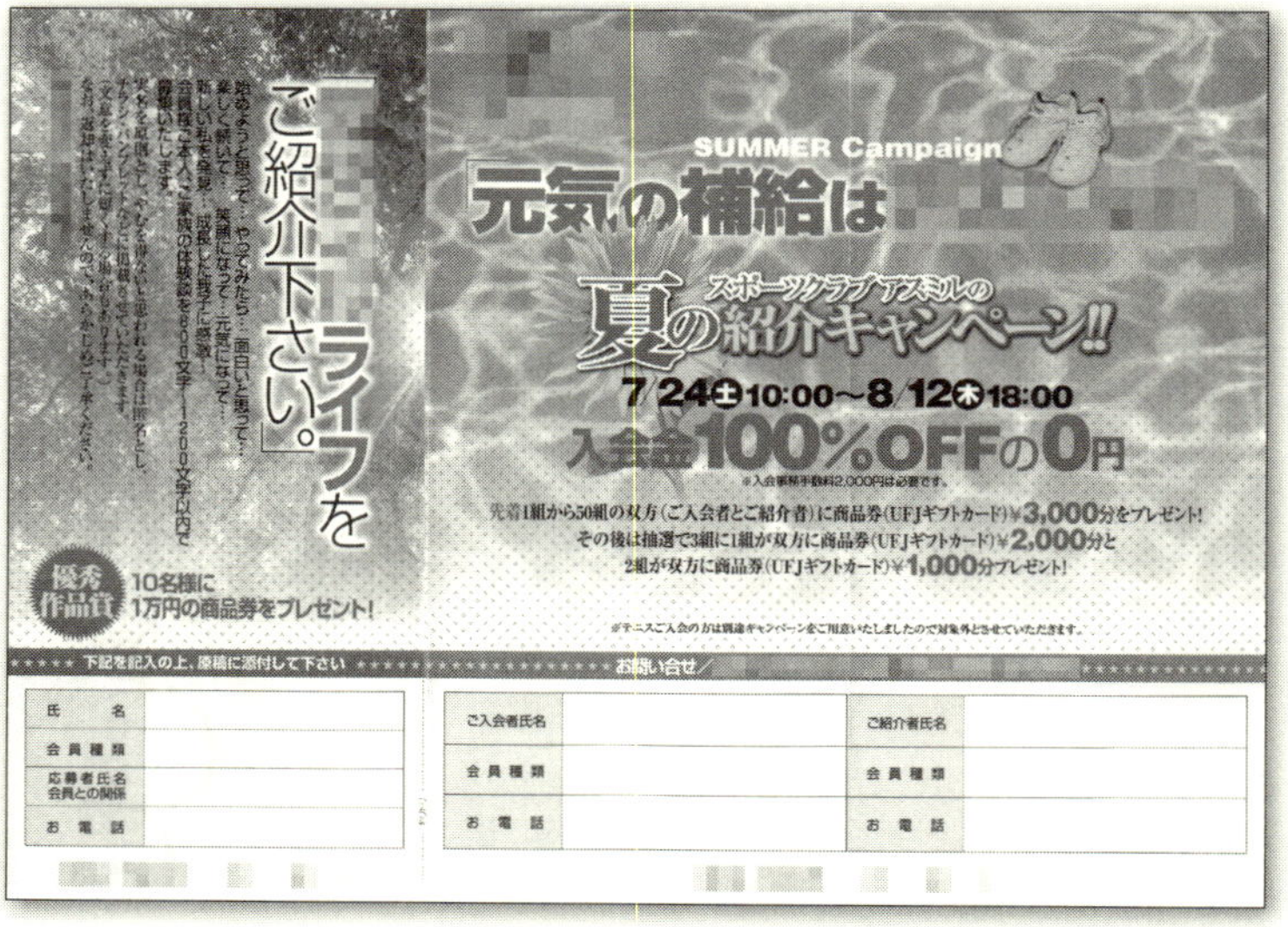

また、「今度、再入会キャンペーンをするのですが、退会された○○さんはどうしていますか？」といったように、コミュニケーションの一環として使うこともできます。

▼普段のコミュニケーションがものを言う

人気や人望のある講師の場合は、「先生のために」とがんばって友人・知人を紹介してくれる会員も多くいます。

紹介キャンペーンを打つ場合は、講師がどれだけ会員にお願いできるか、といった点もポイントです。

私も、仲のいい会員の方に対しては直接声かけをして、

「この間退会された○○さんとはお会いになることはありますか？　もしあればこれをお渡しいただけないですか？」

とお願いをしたり、

「○○さん、どなたか入会されそうな方はいらっしゃいませんか？　お誘いしていただけませんか？」

とダイレクトにお伝えして助けていただいたこともありました。

普段から会員と密にコミュニケーションをとっていい関係をつくっておくと、困ったときに協力してくれたり、助けてくれたりします。心がけてそんな関係づくりをしておくことはとても重要です。

こうして会員からの紹介で再入会した場合は、紹介でない新規会員に比べて圧倒的に継続率が高くなります。

7 再入会会員への対応の仕方

▼担当スタッフ（講師）からの効果的なアプローチ

ＤＭは、スクール本体から送るよりも、その講座を担当している講師やインストラクターの名前を入れて送ったほうが効果的な場合があります。なぜなら、担当講師が一筆添えると、元の会員に「私のために特別に書いてくれた」という印象を与えることができるからです。致し方のない理由でやめた会員にとっては、講師からの連絡はうれしいものです。

文面自体はスクールで作成しておいて、余白に講師の直筆の署名を入れ、ひと言添えるだけでかまいません。

「○○さん、またお越しくださいね」

「今、他の会員さんはここまで進んでいますよ」

といった、担当講師だからこそ書けるひと言があると、グンと効果が上がります。

▼復帰していただいた会員への対応

さて、こうしていろいろな方法で復帰してもらった再入会会員の方ですが、どのような気づか

6-6 再入会会員の心情

新規会員と再入会会員とでは、やる気が育つ順番が違う!!

新規会員

有能感 → 自立感 → 帰属感

有能感：できるようになった！
自立感：もっと通いたい！
帰属感：ここにいるとうれしい！

再入会会員

帰属感 → 自立感 → 有能感

帰属感：やっぱり戻ってよかった！
自立感：通おう！
有能感：新たな目標、目的を設定または提案

いが必要でしょうか。

復帰後の再入会会員は、新規会員と同じくらい手厚くもてなしましょう。

高いハードルを乗り越えて復帰してくれた会員なので、スクールに対する忠誠心は高くなっていると考えられますが、放ったらかしでは長続きしません。

復帰直後のスタッフからの、

「○○さんが戻ってきてくれて、みなさん喜んでますよ！」

という温かい声かけと、講師の「戻ってきてくれてうれしい」という言葉や感情が伝わったとき、再入会会員は、「やっぱり戻ってきてよかった」「私の居場所はここなんだ」と思うのです。

新たに帰属感を抱くようになると、次には「前回上手くいかなかったことを反省して、今度はこうしよう！」という違う目標が設定できるようになります。これが自立感です。

最初の2回目、3回目という短いスパンで「また通い始めてよかった」という印象を持ってもらわないといけません。ここは新規のお客様と同じです。

それに加えて、ベビーステップの目標ができるといいと思います。

復帰後、1～2ヵ月皆勤すると特典がもらえる、といった外発的動機をつくるのも有効でしょう。

新規入会の会員は、「有能感→自立感→帰属感」の順に感情が芽生え、やる気がアップしますが、再入会した会員は、「帰属感」を最初に抱くのです。それから「自立感」が育ち、「有能感」が刺激され、やる気がアップしていきます。

おわりに

経営者として「会員をやめさせない」という考え方は当然なのですが、会員の方にとってもスクールに長く在籍することには大きな意義があります。会員の方の中には十数年、二十年と長期間スクールに通い続けている人もおり、そうした方々はスクールを通じて技能や教養を高め、自身の人生にとってとても有意義な時間を過ごされています。

この素晴らしいスクールビジネスという業種に取り組んでいらっしゃる皆様に、本書の内容が少しでもお役に立つことができたのであれば、著者としてこの上ない喜びです。

最後になりましたが、私が役員を務めている株式会社スポーツ・ザ・ディアの代表、小林通氏からは、本書の内容の多くの部分の考え方を教わりました。また、ビジネスパートナーであり、私のかけがえのない友人であるユニオンビズ株式会社の野々山智氏からはいつも素晴らしいアイデアをいただいています。ありがとうございました。

事例をご提供くださったクライアントの皆様、執筆活動に慣れていない私をサポートしていただいた、株式会社ユニークセリング・プロポジションの加藤洋一様はじめスタッフの皆様、ありがとうございました。そして執筆の機会をいただきました同文舘出版の古市達彦編集長にこの場を借りてお礼申し上げます。私の活動を支えてくれている家族をはじめ、すべての皆様に感謝して、今後も皆様のお役に立てるよう努力いたします。

著者略歴

水藤 英司（すいとう ひでし）

（一般社団法人）日本スポーツ支援機構代表理事。経営コンサルタント。

フィットネスクラブやカルチャーセンター、スイミングスクール、スポーツクラブの専門コンサルタントとして様々なスクールの商品開発や販促活動を支援している。規模・種類を問わず、多くのスクールビジネスの収益アップを成功させた実績を持つ。

「水藤式かけっこ教室」はじめ、自身でも様々なスポーツ関連のイベントやセミナー講師を務めている。

オフィシャルウェブサイト　http://suitouhideshi.com/

「お客様をやめさせない」スクール＆教室運営の仕組み

平成29年3月7日　初版発行

著　者 ―― 水藤　英司

発行者 ―― 中島　治久

発行所 ―― 同文舘出版株式会社

東京都千代田区神田神保町1-41　〒101-0051
電話　営業03（3294）1801　編集03（3294）1802
振替00100-8-42935　http://www.dobunkan.co.jp

ISBN978-4-495-53621-3

印刷／製本：三美印刷　Printed in Japan 2017